SOZIALE ÄNGSTE ÜBERWINDEN

Keine Angst vor Menschen!
Bewährte Techniken, die Schüchternheit,
soziale Störungen und Phobien endgültig heilen

DERICK HOWELL

© **Copyright 2020 - Alle Rechte vorbehalten.**

Der in diesem Buch enthaltene Inhalt darf ohne direkte schriftliche Genehmigung des Autors oder Herausgebers nicht reproduziert, vervielfältigt oder übertragen werden.

Unter keinen Umständen wird dem Verlag oder Autor die Schuld oder rechtliche Verantwortung für Schäden, Wiedergutmachung oder finanziellen Verlust aufgrund der in diesem Buch enthaltenen Informationen direkt oder indirekt übertragen.

Rechtliche Hinweise:

Dieses Buch ist urheberrechtlich geschützt und nur für den persönlichen Gebrauch bestimmt. Ohne die Zustimmung des Autors oder Herausgebers darf der Leser keinen Inhalt dieses Buches ändern, verbreiten, verkaufen, verwenden, zitieren oder umschreiben.

Haftungsausschluss:

Bitte beachten Sie, dass die in diesem Dokument enthaltenen Informationen nur zu Bildungs- und Unterhaltungszwecken dienen. Es wurden alle Anstrengungen unternommen, um genaue, aktuelle, zuverlässige und vollständige Informationen zu liefern. Es werden keine Garantien jeglicher Art erklärt oder impliziert.

Die Leser erkennen an, dass der Autor keine rechtlichen, finanziellen, medizinischen oder professionellen Ratschläge erteilt. Durch das Lesen dieses Dokuments stimmt der Leser zu, dass der Autor unter keinen Umständen für direkte oder indirekte Verluste verantwortlich ist, die durch die Verwendung der in diesem Dokument enthaltenen Informationen entstehen, einschließlich, aber nicht beschränkt auf Fehler, Auslassungen oder Ungenauigkeiten.

BONUSHEFT

Mit dem Kauf dieses Buches haben Sie ein kostenloses Bonusheft erworben.

In diesem Bonusheft „14 Tage Achtsamkeit" erhalten Sie bewährte Achtsamkeitstechniken, die Sie in Ihrem Alltag problemlos anwenden können, um mehr im gegenwärtigen Moment zu leben. Sie können damit täglich mehr Ruhe und Frieden in Ihr Leben bringen.

Alle Informationen darüber, wie Sie sich schnell dieses Gratis-Bonusheft sichern können, finden Sie am <u>Ende dieses Buches</u>.

Beachten Sie, dass dieses Heft nur für eine begrenzte Zeit kostenlos zum Download zur Verfügung steht.

INHALTSVERZEICHNIS

Einführung 1

Kapitel 1: Was sind soziale Ängste? 5

Kapitel 2: Warum entwickeln Menschen eine soziale Angststörung? 17

Kapitel 3: Tipps zum Umgang mit sozialen Angststörungen 33

Kapitel 4: Eine Sozialphobie überwinden 45

Kapitel 5: Entspannungstechniken 59

Kapitel 6: Nicht mehr anderen Menschen gefallen wollen 75

Kapitel 7: Wie Sie Ihre Schüchternheit überwinden 87

Kapitel 8: So bauen Sie soziales Selbstvertrauen auf 97

Kapitel 9: Ihr Selbstbewusstsein verbessern 107

Kapitel 10: Therapie für soziale Angststörungen 117

Abschließende Worte 127

Verweise 131

Bonusheft 133

EINFÜHRUNG

Haben Sie sich jemals auf eine Präsentation vorbereitet, nur um am Ende kein Wort herauszubekommen? Sie haben sicherlich auch schon einmal das leichte Unbehagen gespürt, das mit Gesprächen mit fremden Personen einhergeht, oder? Es mag normal sein, sich in sozialen Situationen etwas nervös zu fühlen, doch wenn Ihre alltäglichen Interaktionen Angst, Verlegenheit, Unsicherheit und erhebliche Angstzustände verursachen, dann haben Sie eine sogenannte soziale Angststörung – eine Störung, die Ihr Leben ruinieren kann, wenn Sie diese nicht überwinden.

Es gibt unterschiedliche Grade sozialer Angststörungen, doch insgesamt können sie dazu führen, dass wir in sozialen Situationen unbeholfen handeln. Eine soziale Angststörung ist eine psychische Erkrankung, bei der Menschen eine irrationale Angst verspüren, wenn sie im gesellschaftlichen Umfeld interagieren. Für diese Menschen ist die Interaktion mit anderen Menschen sehr angsteinflößend. Solche Menschen haben typischerweise Angst davor, negativ bewertet oder beurteilt zu werden. Wenn eine solche Angststörung nicht in Schach gehalten wird, kann sie in fast jedem Lebensbereich Angst auslösen. Angststörungen verursachen zudem ein geringes Selbstwertgefühl, Depressionen, negative Gedanken, eine erhöhte Kritikempfindlichkeit sowie schlechtere soziale Fähigkeiten.

Soziale Angststörungen sind weit verbreitet. Einige Betroffene sind zu dem Schluss gekommen, dass sie eben so sind, wie sie sind, und dass sie nichts gegen ihre Angststörungen tun können. Doch das ist nicht richtig. Der Unterschied zwischen denjenigen Menschen, die ihre sozialen Ängste überwinden, und denen, die damit leben, besteht darin, dass die Erstgenannten etwas dagegen unternommen haben und die anderen beschlossen haben, sich ihrem Schicksal zu ergeben.

Im weitesten Sinne ist es in Ordnung, schüchtern zu sein. Wir alle sind in unterschiedlichem Maße schüchtern. Doch wenn Ihre Schüchternheit so groß ist, dass sie Sie davon abhält, Ihr bestes Leben zu führen, dann ist dies nicht normal und Sie müssen etwas dagegen unternehmen. Nichts sollte Ihren Fortschritten im Leben im Weg stehen. Nichts sollte Sie davon abhalten, Ihr bestes Leben zu führen.

Soziale Ängste können dazu führen, dass Sie Karrierechancen verpassen, Präsentationen vergeigen, auf die Sie sich so gut vorbereitet haben, oder Dates abbrechen und nach Hause gehen und sich fragen, was schief gelaufen ist. Wenn Sie jemals in einer dieser Situationen waren, dann sind Sie damit nicht allein. Millionen von Menschen teilen dasselbe Schicksal mit Ihnen. Die gute Nachricht ist jedoch, dass Sie etwas dagegen tun können, und die Lektüre dieses Buches ist ein Schritt in die richtige Richtung.

Es gibt verschiedene Behandlungen und Maßnahmen sowie Möglichkeiten zur Änderung des Lebensstils und der Denkweise, um Ihre Angst vor sozialen Interaktionen zu überwinden. Soziale Ängste spielen sich im Kopf ab und dort müssen wir ansetzen, wenn wir sie überwinden wollen. Während sich Therapien wie die kognitive Verhaltenstherapie als wirksam gegen soziale Ängste erwiesen haben, sind Änderungen des Lebensstils wie Stressabbau, mehr Bewegung, Teilnahme an gesellschaftlichen Ereignissen, ausreichend Schlaf und gesünderes Essen ebenfalls gute Möglichkeiten, um mit sozialen Ängsten umzugehen. Im Verlauf dieses Buches werden wir uns eingehend mit den verschiedenen Möglichkeiten befassen, die Ihnen dabei helfen können, die Kontrolle über Ihr Leben wiederzuerlangen.

Ich weiß, dass sich diese Methoden für Sie als effektiv erweisen werden, denn als professioneller Redner und Angstcoach, der zahlreichen Menschen mit sozialen Ängsten geholfen hat und der bereits selbst darunter gelitten hat, kann ich sagen, dass ich weiß, was funktioniert (und was nicht). Ich habe oft über dieses Thema referiert und mehrere Artikel geschrieben, um Menschen mit sozialen Angststörungen zu helfen. Ich befasse mich besonders leidenschaftlich mit diesem Thema, weil mich meine sozialen Ängste fast meiner Träume beraubt hätten, und als ich die Angst erfolgreich überwunden hatte, befand ich mich wieder auf dem richtigen Weg. Dieses Freiheitsgefühl, das ich empfand, nachdem ich meine Sozialphobie überwunden hatte, ist meine Motivation und ich hoffe, dass auch Sie diese Freiheit verspüren, bevor Sie die letzte Seite dieses Buches umblättern.

Warum sollten Sie diese Freiheit anstreben? Sie sollten dies wegen all der Vorteile tun, die Sie erleben werden. Ich kann Ihnen dies aus eigener Erfahrung bestätigen. Wenn Sie sich von Ihrer sozialen Angststörung befreien, haben Sie endlich die Chance, um:

- Ganz Sie selbst zu sein
- Mehr soziale Kontakte zu pflegen
- Mehr Freunde zu finden
- Sich in der Öffentlichkeit wohler zu fühlen
- Ihr Selbstvertrauen zu steigern
- Keine qualvollen Gedanken mehr zu haben
- Nicht mehr so extrem sensibel zu sein
- Und vieles mehr ...

Woher weiß ich das? Früher hatte ich schreckliche Angst, wenn ich eine Bühne betreten musste, um etwas zu präsentieren, wenn ich neue Leute kennenlernte oder in unzähligen anderen sozialen Situationen. Doch die in diesem Buch enthaltenen Tipps waren für mich am effektivsten und haben mir dabei geholfen, meine Ängste zu überwinden. Heute bin ich ein etablierter Redner und Schriftsteller, der es geschafft hat, sich einen Namen zu machen. Es ist mir zudem gelungen, erfolgreiche Beziehungen aufzubauen, die mein emotionales und geschäftliches Leben bereichern. Ich knüpfe sehr leicht neue Kontakte und genieße das Leben. Sie fragen sich wahrscheinlich, ob ich auch ein gutes Selbstwertgefühl habe. Darauf können Sie wetten.

Lassen Sie sich jedoch nicht täuschen. Ich habe diese signifikanten Ergebnisse nicht erzielt, indem ich etwas Außergewöhnliches geleistet habe. Nicht nur ich, sondern Millionen von Menschen wachen auf und wollen sich von dieser Last befreien. Ich habe beobachtet, wie sich Menschen unter meiner Anleitung von äußerst schüchtern zu aufgeschlossen und kontaktfreudig entwickelten. Und Sie können der bzw. die Nächste sein!

Was verspreche ich Ihnen? Nachdem Sie dieses Buch gelesen haben, werden Sie Ihre sozialen Ängste überwinden (da bin ich mir sicher). Ich werde Ihnen nichts vorenthalten, da ich jeden Schritt, jedes System und jeden Trick, der bei mir und bei unzähligen anderen Menschen funktioniert hat, verraten werde, und ich werde Ihnen zudem leicht umsetzbare Schritte präsentieren, die Ihnen dabei helfen werden, Ihre sozialen Ängste in kürzester Zeit zu überwinden.

Wenn Sie dieses Buch gelesen haben, können Sie sich Ihren sozialen Ängsten stellen und sie überwinden. In jeder einzelnen Minute werden Sie von Ihren sozialen Ängsten gehemmt und lassen sich Gelegenheiten entgehen. Denken Sie daran, dass die Zukunft denen gehört, die jetzt handeln. Sie müssen nur dieses Buch lesen, die darin beschriebenen Schritte befolgen und Sie werden drastische Veränderungen in Ihrem Leben feststellen.

Lesen Sie weiter, um die Geheimnisse herauszufinden, die mir und unzähligen anderen Menschen dabei geholfen haben, die schlimmsten sozialen Ängste zu überwinden. Lesen Sie dieses Buch nicht nur, sondern treffen Sie die Entscheidung, jeden Schritt zu befolgen, den ich darin beschreibe. Es kann unterschiedliche Auswirkungen auf ihr Leben haben: Je hungriger Sie nach Ergebnissen sind, desto schneller werden Sie diese mit diesem Buch erreichen.

KAPITEL 1:

Was sind soziale Ängste?

Der Begriff soziale Angst bzw. Sozialphobie wird oft mit Schüchternheit verwechselt, doch dies sind zwei völlig verschiedene Dinge. Die Nervosität und das unangenehme Gefühl, die mit einem gesellschaftlichen Ereignis einhergehen, sind Sozialphobien. In diesem Abschnitt werde ich Ihnen ausführlich erklären, was eine Sozialphobie ist. Mein Ziel ist es, Ihnen zu vermitteln, was eine Sozialphobie ist, wie sich diese auf Sie auswirken kann, warum sie Sie betrifft, wann sie auftritt, was sie auslöst und wie sie sich anfühlt, wenn sie auftritt. Ich glaube, wenn Sie diese Aspekte verstanden haben, dann können Sie besser und effektiver mit Ihrer Sozialphobie umgehen. Lassen Sie uns dieses Thema also gemeinsam erkunden.

Also, was ist eine Sozialphobie?

Unter einer Sozialphobie bzw. unter sozialen Ängsten versteht man die extreme Angst vor einer negativen Bewertung durch andere Menschen. Menschen mit dieser Störung sind immer nervös, wenn sie sich in der Nähe von anderen Menschen befinden, weil sie befürchten, sich selbst zu blamieren. Diese Angst rührt von der Tatsache her, dass sich solche Menschen einfach nicht gut genug fühlen. Und als ob das noch nicht ausreichen würde, befürchten solche Menschen zudem, dass sie dafür verurteilt werden, wenn sie Anzeichen dafür zeigen, dass sie Angst haben, wie z. B. Schwitzen, Zittern oder Erröten. Dieses Problem kann leicht zu einer richtigen Lawine werden.

Um diesem Labyrinth der Angst zu entkommen, bleiben Menschen mit sozialer Angst für sich und vermeiden soziale Kontakte und soziale Zusammenkünfte. Das Problem dabei ist jedoch, dass soziale Zusammenkünfte unvermeidlich sind. Denken Sie an Schulunterricht, Vorstellungsgespräche, Gruppenversammlungen, Partys, Bälle, Veranstaltungen, Strände, Kinos ... All diese Ereignisse sind ein „geselliges Beisammensein". Wenn Sie also „soziale Zusammenkünfte" vermeiden müssen, vermeiden Sie indirekt das Leben an sich.

Das erinnert mich an meine Schulzeit. Ich habe mich früher geweigert, meine Hand zu heben, um eine Frage im Unterricht zu beantworten, selbst wenn ich die Antwort wusste. Die wenigen Male, die ich es versuchte, endeten nicht gut, da ich mich so verhaspelte, dass ich meinen Freunden nach dem Unterricht nicht einmal mehr in die Augen sehen konnte. Also beschloss ich, im Unterricht einfach zu schweigen. Wissen Sie, was mich das gekostet hat? Es führte dazu, dass ich mit keinem meiner Lehrer ein gutes Verhältnis hatte, da ich bezweifle, dass sie mich jemals im Unterricht bemerkten. Weniger kluge Studenten bauten positive Beziehungen zu diesen Lehrern auf und manchmal zeigte sich dies sogar in ihren Noten. Es war nicht so, dass meine Lehrer voreingenommen waren, aber wenn Sie gut mit einem Lehrer auskommen, wird Sie das dazu inspirieren, mehr zu lernen und bessere Noten zu erzielen, um sie zu beeindrucken.

Verbreitung

Wenn Sie selbst unter den Symptomen einer Sozialphobie leiden, dann denken Sie auf keinen Fall, dass diese nur Sie allein betreffen. Sie sind damit nicht allein. Laut einer Statistik des National Institute of Mental Health aus dem Jahre 2017 litten im vergangenen Jahr etwa 7 % der Menschen in den USA unter sozialen Angststörungen. Zudem werden weitere 12 % irgendwann einmal in ihrem Leben unter einer Sozialphobie leiden.

Die verschiedenen Typen von sozialen Angststörungen

Gemäß dem diagnostischen und statistischen Handbuch für psychische Störungen (DSM-5) gibt es zwei Kategorien von sozialen Angststörungen (SAS). Diese Kategorien sind „Allgemeine soziale Angststörungen" und „Nur auftrittsbezogene soziale Angststörungen". Diese Kategorien waren früher unter den Begriffen „generalisierte SAS" und „spezifische SAS" bekannt. Die spezifischen sozialen Angststörungen wurden durch „Nur auftrittsbezogene soziale Angststörungen" ersetzt, da sich die spezifischen Angststörungen ursprünglich darauf bezogen, dass ein Patient unter Angstzuständen leidet, wenn er vor anderen Menschen sprechen muss.

Werfen wir einen kurzen Blick auf die beiden Kategorien:

- Generalisierte soziale Angststörung

Eine generalisierte soziale Angststörung bezieht sich auf die Kategorie von Menschen, die sowohl in Bezug auf Auftritte vor Publikum als auch im sozialen Umfeld Angst und Furcht empfinden. Diese Störung wird als schwerwiegender als die nur auftrittsbezogene SAS angesehen, da sie nicht selektiv ist und häufiger auftritt. Laut DSM-5 erleben Patienten mit generalisierter sozialer Angststörung Angst und Unruhe, wenn:

1. Sie mit unbekannten Personen interagieren und Prüfungen absolvieren müssen

2. Sie Angst vor einer möglichen Demütigung haben

In milden Fällen ist es möglich, dass sich Menschen mit einer generalisierten SAS in der Nähe ihrer engen Freunde und Familienangehörigen wohl fühlen.

- Auftrittsbezogene soziale Angststörung

Wie der Name schon sagt, empfinden Menschen mit dieser Angststörung nur dann Angst und Furcht, wenn sie vor Publikum auftreten müssen. Solche Menschen verspüren bei gesellschaftlichen

Zusammenkünften keine Angst, sondern nur dann, wenn es Zeit ist, vor einer Gruppe von Menschen aufzutreten. Ein Beispiel hierfür ist, wenn diese Menschen eine Rede vor anderen Personen halten müssen.

Wenn Sie diese Form einer SAS haben, dann sollten Sie sich jedoch nicht zu früh freuen: Auch eine solche SAS kann Sie beeinträchtigen. Diese Form einer SAS kann Ihre Fortschritte in Ihrem Berufsleben oder andere karrierebezogene Erfolge erheblich beeinträchtigen.

Abgesehen davon, wann die Betroffenen Angst verspüren, gibt es noch weitere Unterschiede zwischen diesen beiden Kategorien. Diese bestehen in der Behandlungsmethode, dem Ansprechen auf die Behandlung, den körperlichen Symptomen während eines Anfalls und dem Alter, in dem diese Angstzustände zum ersten Mal auftraten.

Sie müssen die Art der Störung kennen, an der Sie leiden, bevor Sie damit beginnen, sich über eine Heilmethode zu informieren. Dies ist ein idealer Zeitpunkt für Sie, um einen Selbsttest durchzuführen und sich selbst gegenüber völlig ehrlich zu sein, wo und wann Sie Angst bekommen, damit Sie wissen, wie Sie die Techniken und Schritte, die ich Ihnen in den letzten Kapiteln dieses Buches mitteilen werde, richtig anwenden können. In der Regel ist es am besten, Behandlungsmethoden zu verwenden, die auf eine bestimmte Erkrankung zugeschnitten sind, um das entsprechende Ergebnis zu erzielen.

Wie Sie herausfinden, ob Sie an einer sozialen Angststörung leiden

Einige Menschen machen zunächst den Fehler zu glauben, dass ihre Symptome auf eine nicht-psychiatrische Erkrankung zurückzuführen sind. Zunächst muss diese Idee ausgeschlossen werden. Stellen Sie sicher, dass Sie nicht aus medizinischen Gründen wie Hyperthyreose, endokrinen Problemen, bestimmten

Herzproblemen oder niedrigem Blutzucker an Angstzuständen leiden. Lassen Sie dies von einem Arzt beurteilen.

Können soziale Angststörungen zu anderen Komplikationen führen?

Soziale Angststörungen können ebenso wie andere schwerwiegende Erkrankungen Komplikationen verursachen. Die häufigste Komplikation ist, dass die Problematik während des gesamten Lebens eines Menschen beständig auftritt. Wenn Sie nichts dagegen tun, kann Ihre soziale Angststörung Sie Ihr ganzes Leben lang begleiten. Die meisten Menschen glauben fälschlicherweise, dass sie mit zunehmendem Alter ihrer Angststörung entwachsen werden. Ich teile es Ihnen ungern mit, doch dies funktioniert so nicht. Vielmehr gewinnt Ihre SAS an Dynamik, wenn Sie älter werden.

Negative Selbstgespräche und Schwierigkeiten, sich durchzusetzen, sind ebenfalls Anzeichen für extreme soziale Angststörungen.

In einigen schweren Fällen kann es sogar passieren, dass betroffene Personen die Schule abbrechen, ihren Job kündigen oder sich selbst isolieren. Wenn dies passiert und solchen Menschen nicht geholfen wird, können Depressionen und sogar Selbstmordgedanken die Folge sein. Unkontrollierte soziale Ängste haben sogar einige Menschen dazu gebracht, Suizid zu begehen.

Spezifischere Komplikationen, die auftreten können, sind:

Komorbidität

Komorbidität ist ein Konzept in der Medizin, bei dem andere Erkrankungen zusammen mit der Ersterkrankung in Koexistenz auftreten. Soziale Angststörungen sind ebenfalls komorbid. Statistiken zeigen, dass 66 % der Patienten mit SAS auch an anderen verwandten psychischen Erkrankungen leiden. Einige der häufigsten Krankheiten, mit denen SAS koexistieren, sind klinische Depressionen sowie ängstlich-vermeidende Persönlichkeitsstörungen. Experten sagen, dass SAS-Patienten wahrscheinlich eine klinische Depression entwickeln, weil ihnen persönliche Beziehungen fehlen und sie die meiste Zeit für sich bleiben. Eine Veröffentlichung des Nationalen Zentrums für Biotechnologie-Informationen ergab, dass Menschen mit SAS 1,49 bis 3,5-mal häufiger an einer klinischen Depression leiden.

Alkohol- und Drogenmissbrauch

Da Depressionen und Angstzustände für Menschen mit SAS oft nicht mehr zu ertragen sind, wollen sich die Betroffenen oftmals selbst behandeln, um ihre Lage zu verbessern. Hier kommen Alkohol- und Drogenmissbrauch ins Spiel. Statistiken zufolge sind 20 % der Menschen mit SAS alkoholabhängig.

Und wie entwickeln sich die SAS dieser Menschen, wenn sie zudem damit beginnen, Alkohol und Drogen zu konsumieren? Sie werden noch schlimmer. Es wurde festgestellt, dass Menschen mit SAS, die alkohol- oder drogenabhängig sind, seltener gruppenbasierte Behandlungen ausprobieren.

Die wichtigste Erkenntnis

Einige Menschen mit SAS sind sich dessen bewusst, dass ihre Angststörungen nicht gut für sie sind. Sie wissen, dass diese ihnen schaden. Manchmal fragen sie sich sogar selbst, warum sie sich von einem so winzigen Problem so sehr stören lassen. Doch ihre Angstgefühle bleiben weiterhin bestehen und werden noch schlimmer. Es ist zwar noch nicht die Lösung, doch zumindest ein guter Schritt in die richtige Richtung, wenn Sie sich eingestehen, dass Sie an einer sozialen Angststörung leiden. Sie müssen nach einer echten Lösung suchen, wie sie in diesem Buch beschrieben wird, um sich zu befreien. Egal wie chronisch Ihre sozialen Angststörungen sind, sie sind heilbar und es gibt Hoffnung für Sie.

Was soziale Angststörungen nicht sind

Eine soziale Angststörung bzw. Sozialphobie wird oft mit anderen Dingen verwechselt. Im Folgenden werden wir einige dieser Dinge betrachten (die uns glauben machen könnten, dass wir unter einer

Sozialphobie leiden), um ein besseres Verständnis dafür zu bekommen, was eine Sozialphobie tatsächlich ist.

- Lampenfieber ist keine soziale Angststörung

Wir alle wissen, dass Lampenfieber ein sehr häufiges Phänomen bei Menschen ist. Die meisten Personen sind nervös, wenn sie vor einer Menschenmenge stehen und sprechen müssen. Wenn Sie sich so fühlen, ist das normal. Sie bekommen dieses Gefühl, weil Sie nicht an die Menschenmenge gewöhnt sind. Sie können versuchen, sich zu einem Rhetorikkurs anzumelden und üben, vor einer Gruppe von Personen zu sprechen.

Außerdem können sich viele Menschen etwas nervös fühlen, wenn sie an einer gesellschaftlichen Veranstaltung oder an einem Wettbewerb teilnehmen. Lampenfieber wird jedoch nicht als soziale Angststörung eingestuft. Nur wenn Sie bei alltäglichen gesellschaftlichen Ereignissen übermäßige Angst und Furcht verspüren, leiden Sie an einer SAS. Sie fühlen sich beschämt, auch wenn es nichts gibt, wofür Sie sich schämen sollten.

Eine Person, die unter Lampenfieber leidet, fühlt sich bei alltäglichen Dingen wie beim Essen in einem Restaurant oder beim Ausfüllen von Formularen in Gegenwart von Menschen wohl. Es könnte jedoch sein, dass Sie an einer SAS leiden, wenn diese trivialen Dinge Angst in Ihnen auslösen.

- Eine Panikstörung ist keine soziale Angststörung

Aufgrund ihrer Natur neigen wir dazu, soziale Angststörungen mit Panikstörungen zu verwechseln. Obwohl sie beide zu den fünf Hauptangststörungen gehören, die im DSM-5 aufgeführt sind, unterscheiden sie sich dennoch in vielerlei Hinsicht.

Der Unterschied besteht darin, dass Menschen mit SAS keine Panikattacken erleben. Was sie jedoch erleben können, sind Angstattacken. Menschen mit einer Panikstörung erkennen möglicherweise nicht, dass es Panik ist, die sie fühlen. Doch Menschen mit einer sozialen Angststörung verstehen, dass das, was sie erleben, Angst und Furcht ist. Eine Person mit einer Panikstörung muss nach einer Panikattacke möglicherweise sogar das Krankenhaus aufsuchen, weil sie denkt, dass mit ihr etwas körperlich nicht stimmt, doch dies gilt nicht für Menschen mit sozialer Angststörung.

Diagnose

Manchmal kann es schwierig sein, sicher zu sagen, ob das, was Sie verspüren, eine SAS ist oder nicht. Am besten erkundigen Sie sich bei einem Arzt oder einer medizinischen Fachkraft. Sie können eine körperliche Untersuchung und eine psychiatrische Grunduntersuchung durchführen lassen. Während der körperlichen Untersuchung versucht der Arzt herauszufinden, ob es andere körperliche Ursachen für Ihre Gefühle gibt. Wenn er feststellt, dass es keine physische Erklärung für Ihren Zustand gibt, empfiehlt er Ihnen möglicherweise eine psychiatrische Untersuchung. Ein Psychiater oder Psychologe wird Sie nach den Symptomen fragen, die Sie erlebt haben, wann Sie sie erlebt haben, wie oft Sie sie erlebt haben und wie lange Sie die Symptome bereits haben. Bei einigen Symptomen müssen Sie einen Fragebogen ausfüllen, damit Ihre Diagnose leichter erstellt werden kann.

Bei einer SAS möchte Ihr Psychiater bzw. Psychologe immer herausfinden, ob die Angst, die Sie empfinden, so stark ist, dass sie Ihr tägliches Leben beeinträchtigen kann. Denn wie gesagt kann es normal sein, wenn Sie eine leichte Angst verspüren. Er wird prüfen, ob Ihre Angst Ihre Karriere, Ihre Beziehungen oder andere soziale Konzepte beeinträchtigen kann.

Ihr Psychiater oder Psychologe wird die Diagnose einer SAS nicht vorschnell stellen. Diese muss einen ordnungsgemäßen Prozess durchlaufen. In den USA und einigen anderen Ländern müssen die von Ihnen beschriebenen Symptome mit den im Diagnose- und Statistikhandbuch (DSM) für soziale Angstzustände angegebenen Kriterien übereinstimmen.

Im Gegensatz zu anderen Erkrankungen können psychische Erkrankungen nicht mit einem Labortest überprüft werden. Eine SAS wird also anhand einiger vorgegebener Kriterien beurteilt. Die Kriterien für eine SAS sind in einem Handbuch veröffentlicht, das als diagnostisches und statistisches Handbuch für psychische Störungen bekannt ist. Es wird von der American Psychiatric Association (APA) herausgegeben.

Diagnosekriterien für SAS

Schauen wir uns nun die Kriterien an, die im diagnostischen und statistischen Handbuch für psychische Störungen aufgeführt sind:

- Der Patient fürchtet sich vor jeder sozialen Situation, bei der er im Mittelpunkt der Aufmerksamkeit stehen könnte, wie z. B. Sprechen vor Publikum, Essen im Freien oder das Kennenlernen fremder Personen.
- Der Patient hat eine ausgeprägte Angst, sich zu blamieren oder in Verlegenheit zu bringen oder von anderen Menschen aufgrund seiner Handlungen oder seiner Angstsymptome abgelehnt zu werden.
- Der Patient verspürt Angst oder Unruhe, die nicht proportional zur Bedrohung ist.
- Der Patient erlebt diesen Zustand seit sechs Monaten oder länger.
- Aufgrund seiner Angst leidet der Patient in bestimmten Bereichen seines Lebens unter erheblichen Belastungen oder Beeinträchtigungen, wie zum Beispiel am Arbeitsplatz, in der Schule oder im Privatleben.
- Die Angst oder Unruhe, die der Patient empfindet, ist nicht auf die Wirkung anderer Medikamente oder Rausch- bzw. Genussmittel zurückzuführen. Die Angstzustände werden nicht durch andere geistige oder körperliche Erkrankungen verursacht.
- Und wenn der Patient diese Ängste nur dann verspürt, wenn er vor Menschen auftreten muss, dann leidet er nicht

an einer generalisierten SAS, sondern an einer „Nur auftrittsbezogenen SAS".

Kann eine SAS geheilt werden?

Diese Erkrankung kann mit Hilfe von Psychotherapie und Medikamenten geheilt werden. Schauen wir uns nun die Optionen an, die Ihnen zur Verfügung stehen.

1. Psychotherapie

Wir haben festgestellt, dass die Furcht, die Sie empfinden, wenn diese Ängste auftreten, nicht real ist. Aber so werden Sie das niemals sehen. Mögen andere Leute Sie wirklich nicht? Die Wahrheit ist, dass die Leute Sie mögen. Diese falschen Annahmen, die Sie über sich selbst haben, sind nicht zutreffend. Um Ihnen zu helfen, diese Dinge so zu sehen, wie sie sind, verwendet die Psychotherapie etablierte Techniken, die die Wahrheit über Ihre Probleme enthüllen. Dies wird nicht plötzlich passieren, sondern es wird ein schrittweiser Prozess sein. Doch wenn Sie diesen Prozess abgeschlossen haben, werden Sie in der Lage sein, mit diesen Symptomen umzugehen und sie schließlich zu überwinden.

Eine sehr wichtige Therapie, die sich gegen soziale Angststörungen als sehr wirksam erwiesen hat, ist die kognitive Verhaltenstherapie (KVT). Ich werde Ihnen später in diesem Buch zeigen, wie Sie diese Therapie anwenden können, um soziale Ängste zu überwinden. Andere Therapien wie die interpersonelle Therapie und die Familientherapie können ebenfalls zum Umgang mit sozialen Angststörungen eingesetzt werden.

Die KVT ist besonders hilfreich, da sie Ihnen dabei hilft, Ihre Gedankenmuster zu analysieren, die für Ihre Symptome verantwortlich sind. Die KVT lenkt die Aufmerksamkeit von dem, was andere über Sie denken, auf das, was Sie über sich selbst denken. Dies ist wichtig, weil die Art und Weise, wie Sie über sich selbst denken, die Symptome auslöst, die Sie fühlen. Mit Hilfe der KVT lernen Sie, die negativen Gedanken zu identifizieren und zu modifizieren, die Sie schon lange in Ihrem Leben beeinträchtigen.

2. Medikamente

In schweren Fällen von SAS können auch Medikamente eingesetzt werden. Dafür gibt es mehrere Medikamente, doch die häufigsten sind die selektiven Serotonin-Wiederaufnahmehemmer (SSRIs). Sie sind weit verbreitet, weil sie als die sichersten und effektivsten Medikamente gelten.

Beispiele für Medikamente, die auf selektiven Serotonin-Wiederaufnahmehemmern basieren, sind:

- Paroxetin (Paxil, Paxil CR)
- Fluvoxamin (Luvox, Luvox CR)
- Sertralin (Zoloft)
- Fluoxetin (Prozac, Sarafem)

Diese Medikamente können bei manchen Menschen einige Nebenwirkungen haben. Die häufigsten Nebenwirkungen sind:

- Kopfschmerzen
- Übelkeit
- Schlafstörungen
- Sexuelle Funktionsstörungen

Neben selektiven Serotonin-Wiederaufnahmehemmern können auch Benzodiazepine und Betablocker eingesetzt werden.

3. Benzodiazepine

Dies sind in erster Linie Medikamente gegen Angstzustände. Übliche Beispiele sind Alprazolam (Xanax) und Clonazepam (Klonopin). Aufgrund der Suchtgefahr dieser Medikamente werden die Einnahmeperioden jedoch normalerweise kurz gehalten, um Abhängigkeiten zu vermeiden.

Die Nebenwirkungen von Benzodiazepinen können sein:

- Verwirrungszustände
- Gleichgewichtsverlust
- Benommenheit

- Schläfrigkeit
- Gedächtnisschwund

4. Betablocker

Wir wissen, wie Adrenalin uns dabei hilft, mit einem Notfall umzugehen. Bei Menschen mit sozialen Angststörungen kann Adrenalin zu unangemessenen Angstzuständen führen, selbst wenn kein Notfall vorliegt. Betablocker betäuben die stimulierende Wirkung von Adrenalin. Diese Behandlung ist jedoch nicht kontinuierlich. Sie wird nur für bestimmte Situationen angewendet, z. B. wenn Sie eine Präsentation halten möchten.

Die Vorschläge, die ich hier gemacht habe, dienen nur zu Informationszwecken und ersetzen keine professionelle medizinische Beratung und Behandlung. Lassen Sie sich stets von einem Therapeuten oder Ihrem Arzt beraten, ob das jeweilige Medikament verwendet werden kann. Verzögern oder vermeiden Sie niemals die Kontaktaufnahme mit einen medizinischen Experten aufgrund der Informationen, die ich Ihnen hier bereitgestellt habe.

Nachdem wir untersucht haben, was soziale Angststörungen tatsächlich sind, besteht der nächste Schritt darin herauszufinden, warum Menschen SAS entwickeln. Wenn wir die Hauptursache kennen, können wir entsprechend damit umgehen.

In diesem Kapitel haben Sie gelernt, was SAS sind, welche Typen und Kriterien es für die Diagnose gibt und welche möglichen Behandlungen existieren. Mein Ziel war es, Ihnen das Konzept der sozialen Angststörung vorzustellen. Im nächsten Kapitel werde ich näher erläutern, warum Menschen eine SAS bekommen und was die Ursachen dafür sind.

KAPITEL 2:

Warum entwickeln Menschen eine soziale Angststörung?

Im ersten Kapitel dieses Buches haben wir uns allgemein mit dem Thema befasst, was eine soziale Angststörung ist. In diesem Kapitel konzentrieren wir uns darauf, wie, wann und warum Sie davon betroffen sein können. Ich werde einige der häufigsten Fragen beantworten, die Sie möglicherweise zum Thema SAS haben. Die meisten Fragen, die Sie sich stellen könnten, werden in diesem Kapitel beantwortet, für den Fall, dass Sie sich nicht sicher sind, ob Sie an einer sozialen Angststörung leiden. Ich werde tief ins Detail gehen und aus der Fülle meiner Erfahrungen und meines Wissens schöpfen. Wollen wir loslegen?

Wann tritt eine SAS auf?

Menschen mit sozialen Angststörungen verspüren Angst auf unterschiedliche Weise und es gibt bestimmte Situationen, die SAS vermehrt auslösen. Die folgenden Situationen fürchten Menschen mit dieser Störung am meisten. Und ja, Ihre Vermutung ist richtig, alle diese Situationen finden in der Öffentlichkeit statt. Diese Situationen sind:

- Sprechen vor Publikum
- Sich mit fremden Personen unterhalten
- Zu Verabredungen gehen
- Augenkontakt mit anderen Menschen herstellen und aufrechterhalten
- Überfüllte Räume betreten und darin verweilen
- Toiletten außerhalb des eigenen Zuhauses benutzen

- Sich mit wichtigen Menschen treffen
- Bei Bewerbungsgesprächen Fragen beantworten
- Feiern und Freundschaften pflegen
- Essen in Gegenwart anderer Menschen
- Fremden vorgestellt werden
- Geärgert werden
- Kritisiert werden
- Zu öffentlichen Orten wie Schule und Arbeit gehen
- Während der Ausführung einer Aufgabe beobachtet werden
- Gespräche mit Menschen beginnen
- Bitten anderer Menschen ablehnen
- Lautes Lesen
- Versenden von Textnachrichten

Wie fühlen sich soziale Angststörungen an?

Nachdem wir einige der häufigsten Auslöser kennen, schauen wir uns nun die häufigsten Arten an, wie sich SAS manifestieren.

1. Sich isoliert fühlen

Schauen Sie sich diese Aussage eines anonymen Patienten mit einer Sozialphobie an:

„*[Meine sozialen Angststörungen] geben mir das Gefühl, als wäre ich der einzige Mensch auf dieser Welt, der sich so fühlt, und dass alle anderen gerne ausgehen und zusammen Spaß haben. Ich habe das Gefühl, dass niemand mich mag, weswegen würden sich also andere Menschen mit mir unterhalten wollen? Wenn andere Menschen mit mir sprechen, dann habe ich immer das Gefühl, dass sie eine Ausrede suchen, um von mir wegzukommen und sich mit jemand anderem zu unterhalten.*"

Anhand dieser Aussage können wir ein Gefühl der Isolation erahnen. Dieses Gefühl sagt Ihnen, dass niemand Sie mag und niemand Ihr Freund sein will. Sie haben das Gefühl, dass die Leute Sie nicht mögen und Sie meiden.

2. Falsche Überzeugungen

Wir können beobachten, dass diese Erkrankung Sie anlügt. Diese Erkrankung gaukelt Ihnen vor, dass das Leben anderer Menschen ein Zuckerschlecken ist und dass nur Sie nichts zu lachen haben. In Wirklichkeit hat jeder Mensch seine eigenen Lebensprobleme zu bewältigen. Aber Sie werden dies vermutlich nicht so sehen. Stattdessen denken Sie, dass Sie vom Pech verfolgt sind.

3. Verhinderung des logisches Denkens

Ein anderer Patient spricht so über seine Erfahrungen:

„Zu meinen inneren Gefühlen gehört, dass meine Stimme zittert und dass ich so etwas wie einen Klumpen im Gehirn habe, der mich daran hindert, klar zu denken. Zu meinen körperlichen Gefühlen gehört, dass ich Probleme mit meinem Magen und keinen Appetit mehr habe, dass meine Hände schwitzen und dass meine Muskulatur versteift ist."

Diese Aussage beschreibt die häufigsten Symptome, die bei SAS-Betroffenen auftreten, insbesondere wenn sie sich inmitten von anderen Menschen befinden.

Welche Auswirkungen haben die SAS auf Sie?

1. Isolation und Depression

Das Leben macht mehr Spaß und ist erfüllender, wenn man es mit Freunden, der Familie und sogar mit Fremden verbringt. Aber wenn Ihnen Ihre sozialen Ängste dies vorenthalten, kann es sein, dass Sie eine Depression entwickeln. Wenn Sie ein Problem haben, werden Sie dieses als unverhältnismäßig groß empfinden, da Sie es niemals mit einer anderen Person teilen, die Ihnen dabei helfen könnte, es anders zu sehen.

2. Schwierigkeiten mit Arbeit und Schule

Menschen mit dieser Störung versuchen stets, einen Weg zu wählen, der ihnen dabei hilft, so viele Menschen wie möglich zu vermeiden. Das Ergebnis ist ein drastischer Rückgang der Möglichkeiten, die Ihnen zur Verfügung stehen. Ihr Intelligenzniveau mag so hoch sein, dass Sie in Berufen wie Medizin, Ingenieurwesen oder Recht erfolgreich sein könnten, aber da Sie sich vor Interaktionen mit anderen Menschen fürchten, schöpfen Sie Ihr wahres Potenzial nicht aus.

3. Einfallstor für andere Krankheiten

Vielleicht wissen Sie es noch nicht, weil Sie womöglich diese Phase noch nicht erreicht haben, doch soziale Ängste können das Einfallstor für weitere Erkrankungen wie Drogenmissbrauch oder andere Beeinträchtigungen des Lebens sein. Denn sobald Sie in eine Depression geraten und keine Möglichkeit mehr haben, um Kontakte zu knüpfen, kann das zu Drogenmissbrauch, extremem Pornokonsum, Masturbation oder Spielsucht führen. Das Ergebnis ist eine lebenslange Beeinträchtigung.

4. Beziehungsprobleme und familiäre Schwierigkeiten

Das Problem dabei ist, dass Menschen mit SAS sich selbst davon überzeugen, dass niemand sie mag und dass sie jede Person aus ihrem Leben verbannen, die sich um sie kümmert. Dies kann das Ende ihrer sozialen Beziehungen bedeuten. SAS-Betroffene fürchten und meiden persönliche Beziehungen.

5. Geringes Selbstwertgefühl

Menschen mit sozialen Ängsten sind normalerweise in dem Gefühl gefangen, nicht gut genug zu sein. Dieses Gedankenmuster kann destabilisierende Auswirkungen haben, da es die Produktivität der betroffenen Person bei allem, was sie tut, beeinträchtigt. Eine solche Person verurteilt sich selbst und glaubt, ein Mensch zweiter Klasse zu sein, was sich in jedem Aspekt des Lebens zeigen wird.

6. Erhöhte Sensibilität für Kritik

Menschen mit sozialen Angststörungen interpretieren Situationen sehr leicht falsch, was dazu führt, dass sie schnell beleidigt sind. Sie interpretieren konstruktive Kritik, die zu ihrem eigenen Wohl bestimmt ist, als etwas Beleidigendes.

Warum bekommen Menschen eine soziale Angststörung?

Der Grund Ihrer sozialen Angststörung könnte in einem Schlüsselerlebnis aus der Vergangenheit liegen. Wenn Sie zum Beispiel Ihre Angst aufgrund Ihrer missglückten ersten Rolle in einer Schulaufführung entwickelt haben, dann ist es sehr wahrscheinlich, dass Sie später ebenfalls Angst bekommen, wenn Sie im Mittelpunkt der Aufmerksamkeit stehen.

Dies bedeutet, dass zwei Menschen mit sozialen Angststörungen unterschiedliche Gründe dafür haben könnten, warum sie eine ähnliche Situation vermeiden. Die häufigsten Gründe fallen jedoch in die folgenden Kategorien:

- In sozialen Situationen von anderen Menschen beurteilt werden
- Sich verlegen fühlen oder Angst davor haben, gedemütigt zu werden
- Jemanden versehentlich beleidigen
- Im Mittelpunkt der Aufmerksamkeit stehen müssen

Was vermeiden Sie?

Menschen mit sozialer Angststörung haben das Verhaltensproblem, angstauslösende Situationen zu vermeiden. Wenn Sie also als betroffene Person vorhaben, zu einem gesellschaftlichen Ereignis oder einer Party zu gehen, bekommen Sie vermutlich Angst und entscheiden sich dazu, nicht zu gehen. Unmittelbar nachdem Sie sich dazu entschieden haben, nicht zu gehen, spüren Sie, wie Ihre Angst nachlässt und wie Sie sich wohler fühlen.

Das Wohlgefühl, das Sie durch die Verringerung der Angst empfinden, nachdem Sie sich dazu entschieden haben, nicht auszugehen, wird Ihre Vermeidungshaltung nur weiter verstärken. Jetzt ist Ihre Belohnung für das Vermeiden das kurzfristige Wohlgefühl, das Sie verspüren. Dieses Wohlgefühl wird Ihre Angst vor negativen sozialen Situationen aufrechterhalten, auch wenn Sie keine Beschämung verspüren. Nehmen wir zum Beispiel einmal an, dass Sie sich verlaufen haben und versuchen, wieder den richtigen Weg zu finden. Plötzlich sehen Sie eine Person, die sich Ihnen nähert. Sie bekommen solche Angst davor, diese Person anzusprechen, dass Sie beschließen, dies nicht zu tun. Sofort sinkt Ihre Angst. Mit der Angst ist eine Lernerfahrung verbunden. Sie reden nicht mehr mit anderen Menschen und fragen sie nicht mehr um Hilfe, um sich weniger ängstlich zu fühlen. Aber wie lange wird diese Vermeidungshaltung andauern?

Ein entscheidendes Element der kognitiven Verhaltenstherapie (KVT) besteht darin, einem Menschen mit einer sozialen Angststörung dabei zu helfen, nachhaltige soziale Situationen zu schaffen und lange genug in ihnen zu verweilen, um zu lernen, dass nichts Schlimmes passieren wird, wenn er mit einer fremden Person spricht oder um Hilfe bitten muss. Sobald dieser Mensch das erkennt, wird seine Angst nachlassen. Betroffene Menschen lernen im Rahmen der KVT also, dass sie in sozialen Situationen erfolgreich bestehen können. Auf diese Weise wächst ihre Bereitschaft, sich ihren Ängsten zu stellen. Nach dieser Erkenntnis werden sich Betroffene endlich wieder als die Art von Person sehen, die praktisch alles kann.

Was sind die wahrscheinlichen Ursachen für eine soziale Angststörung?

Laut Experten lassen sich soziale Angststörungen sowohl auf genetische als auch auf umweltbedingte Ursachen zurückführen. Es gibt keine allgemeingültige Antwort für alle im Folgenden diskutierten Ursachen, da die Forscher unterschiedliche Ansichten dazu haben.

1. Genetische Ursachen

Es wurde beobachtet, dass soziale Angststörungen innerhalb von Familien auftreten können. Aufgrund dessen glauben einige Forscher, dass genetische Verbindungen eine Ursache für soziale Angststörungen sein könnten, obwohl dies noch erforscht wird. Diese Forscher versuchen auch festzustellen, welcher Anteil erblich ist und welcher Anteil individuell erworben wird.

Wenn Ihre Eltern oder Geschwister an einer sozialen Angststörung leiden, dann haben Sie ein höheres Risiko. Ich sage Ihnen diese Information deshalb, damit Sie bei Ihren Kindern auf Anzeichen für Sozialphobien achten können. Bei frühzeitiger Erkennung sind Sozialphobien einfacher zu handhaben und zu heilen. Wenn einer Ihrer Verwandten ersten Grades an einer SAS leidet, dann ist die Wahrscheinlichkeit, dass Sie ebenfalls an der Störung leiden, zwei- bis sechsmal höher (Cuncic 2019).

Mehrere Studien ergaben unterschiedliche Heritabilitätsraten für SAS, doch alle scheinen sich darin einig zu sein, dass sie zwischen 30 und 40 % liegen. Aus dieser Statistik können wir schließen, dass einer von drei SAS-Fällen auf die Genetik zurückgeführt werden kann (Concic 2019).

Die Wissenschaftler konnten jedoch nicht das spezifische Erbgut benennen, das SAS verursacht. Doch sie haben die Chromosomen gefunden, die mit anderen Angststörungen wie Panikattacken und Agoraphobie verbunden sind.

2. Bestimmte chemische Stoffe im Körper

Aufgrund der Entdeckung, dass falsche Konzentrationen an Serotonin, einem chemischen Botenstoff im Gehirn, bei einem Individuum möglicherweise zu einer erhöhten Empfindlichkeit führen können, versuchen Wissenschaftler nun herauszufinden, ob sich im Körper chemische Stoffe befinden, die die Wahrscheinlichkeit einer sozialen Angststörung (SAS) erhöhen können.

3. Neurotransmitter

Neurotransmitter sind die chemischen Botenstoffe, über die Ihr Gehirn Signale von einer Zelle zur anderen überträgt. Wenn die Konzentration dieser Botenstoffe unausgewogen ist, kann dies zu einer sozialen Angststörung führen.

Die häufigsten Neurotransmitter, die mit Angst in Verbindung gebracht werden konnten, sind:

- Noradrenalin
- Dopamin
- Serotonin
- Aminobuttersäure (GABA)

Psychologen haben Menschen mit einer sozialen Angststörung getestet und festgestellt, dass die meisten von ihnen Ungleichgewichte in den Neurotransmitterspiegeln aufweisen. Wenn wir verstehen, wie diese chemischen Botenstoffe zusammenwirken und Angstzustände hervorrufen, kann uns dies bei der Entscheidung in Bezug auf das beste Medikament helfen, um diese Störung zu heilen.

4. Gehirnstruktur

Andererseits sind einige Forscher der Meinung, dass die Amygdala unsere Angstreaktion beeinflussen und in einigen Fällen zu übermäßigen Reaktionen führen kann.

Medizinische Forscher verwenden eine als Neuroimaging bekannte Technik, um ein Bild des Gehirns zu entwickeln, ähnlich wie Röntgenstrahlen ein Bild des Inneren unseres Körpers erzeugen. Sie verwenden diese Technik, um den Blutfluss in verschiedenen Arealen des Gehirns zu vergleichen, die an Angstzuständen beteiligt sind. Während eines solchen Tests werden sowohl Phobiker als auch gesunde Menschen untersucht, während sie mit einer Gruppe von Menschen sprechen.

Vier Bereiche des Gehirns sind aktiv an Angstzuständen beteiligt:

1. Der Hirnstamm: Dieser Teil des Gehirns steuert Herzfrequenz und Atmung. Sie wissen, wie unterschiedlich dies bei sozial ängstlichen Menschen sein kann.

2. Das limbische System: Dieser Teil des Gehirns steuert die Stimmung und die Angstzustände. Wenn das limbische System also nicht richtig funktioniert, können Stimmungsschwankungen und hohe Angstzustände auftreten.

3. Der präfrontale Kortex: Dieser Teil des Gehirns ist dafür verantwortlich, eine Bedrohung zu bewerten und dem Gehirn eine Rückmeldung darüber zu geben. Wenn dieses Gehirnareal wahrgenommene Bedrohungen überproportional interpretiert, kann es sein, dass Sie mit Angst reagieren.

4. Der motorische Kortex: Dieser Teil des Gehirns ist für die Kontrolle Ihrer Muskeln verantwortlich.

Mit Hilfe der oben diskutierten Neuroimaging-Technik untersuchten die Wissenschaftler die Durchblutung im Gehirn und stellten einige Unterschiede in der Phobiegruppe fest, wenn sich diese an eine Menschenmenge wandten. Es gibt auch eine Studie, bei der die Positronenemissionstomographie (PET) verwendet wurde, eine Form von Neuroimaging-Technik. In dieser Studie wurde nachgewiesen, dass die Amygdala, die Teil des limbischen Systems ist, das die Angst kontrolliert, bei Menschen mit SAS stärker durchblutet wurde, wenn sich die Betroffenen an eine Menschenmenge wandten (Tillfors et al., 2001).

Als dieselbe Studie bei Menschen ohne SAS durchgeführt wurde, konnte man feststellen, dass die Hirnrinde, die mit dem Denken assoziiert wird, eine höhere Durchblutung aufwies.

5. Wetter und Demografie

Einige Forscher glauben, dass auch der Wohnort die Wahrscheinlichkeit für eine SAS erhöhen kann. Diese Forscher sagen, dass Menschen in den Mittelmeerländern im Vergleich zu Menschen in skandinavischen Ländern weniger häufig an sozialer Angststörung leiden. Sie sagen, dass wärmeres Wetter und eine höhere Bevölkerungsdichte die Vermeidung sozialer Zusammenkünfte verringern. Und wenn man oft ausgeht und mit Menschen interagiert, ist die Wahrscheinlichkeit, an SAS zu leiden, stark verringert.

6. Kulturelle oder gesellschaftliche Faktoren

Es gibt einige Forscher, die glauben, dass kulturelle Faktoren eine Rolle bei der Reduzierung von SAS spielen. Wenn zum Beispiel jemand aus einer Kultur stammt, die das Zusammenleben fördert, wie in traditionellen afrikanischen Kulturen, dann besteht eine geringere Chance, unter sozialen Angststörungen zu leiden.

Wenn Sie jedoch im Gegensatz dazu in einer Gesellschaft aufgewachsen sind, die eine kollektivistische Orientierung betont, wie zum Beispiel Korea und Japan, dann haben Sie eine höhere Wahrscheinlichkeit, eine soziale Angststörung zu entwickeln. In diesen beiden Kulturen gibt es beispielsweise ein Syndrom, das als Taijin Kyofusho bekannt ist. Unter diesem Syndrom versteht man die Angst, anderen Menschen in seiner Umgebung Unbehagen zu bereiten (Nagakami et al., 2019).

Wenn Sie Angst davor haben, Menschen Unbehagen zu bereiten, dann kann dies zu einer Sozialphobie führen. In diesen asiatischen Kulturen ist es zudem auch wichtig, dass sich das Individuum anpasst.

Risikofaktoren

Risikofaktoren sind jene Dinge, die die Wahrscheinlichkeit erhöhen können, eine soziale Angststörung zu bekommen. In den meisten Fällen beginnt diese Störung zwischen dem frühen und mittleren Teenageralter, kann jedoch auch früher auftreten. Zu diesem Zeitpunkt können einige Auslöser das Risiko einer Erkrankung erhöhen.

Dies sind einige dieser Faktoren:

Geschlecht: Es wurde festgestellt, dass Angststörungen bei der weiblichen Bevölkerung häufiger auftreten als bei der männlichen.

Erziehung: Man nimmt zudem auch an, dass Sie diese Störung entwickeln könnten, wenn Sie in einem Umfeld aufgewachsen sind, in dem Sie mit Betroffenen in Kontakt kamen. Wenn Ihre Eltern soziale Zusammenkünfte vermieden haben und zu beschützerisch mit Ihnen umgingen, dann kann es sein, dass auch Sie eine Sozialphobie entwickeln.

Psychologen glauben, dass sozial ängstliche Eltern sowohl verbale als auch nonverbale Hinweise übertragen können, die soziale Angst auslösen können. Wenn Ihre Mutter ein Mensch ist, der sich zu sehr darum kümmert, was die Leute über sie oder Sie sagen, dann bekommen Sie möglicherweise soziale Angststörungen in Bezug auf das, was andere Leute über Sie denken.

Wenn Sie als Kind nicht sehr oft nach draußen gehen und Kontakte knüpfen durften, dann ist es oftmals der Fall, dass Sie aufwuchsen, ohne entsprechende soziale Fähigkeiten zu entwickeln. Und wenn Ihre Eltern besonders kritisch, übervorsichtig oder ablehnend waren, können Sie ebenfalls eine soziale Angststörung bekommen.

Verletzende Kindheitserfahrungen: Wenn Sie als Kind Mobbing und Ablehnung durch Menschen in Ihrer Umgebung erlitten haben, sind Sie womöglich mit dem Gedanken aufgewachsen, nicht gut genug zu sein, und deshalb wurden Sie gehänselt. Wenn Sie diese verletzenden Kindheitserfahrungen nicht verarbeiten, kann es passieren, dass Sie mit dieser Einstellung aufwachsen und Menschen im Allgemeinen meiden. Andere extreme Erfahrungen wie eine Vergewaltigung und Konflikte mit den Eltern können ebenfalls die Wahrscheinlichkeit erhöhen, dass ein Kind eine SAS bekommt.

Persönlichkeit: Manche Menschen sind von Natur aus verschlossen und schüchtern. Diese Menschen sind im Vergleich zu ihren mutigen und aufgeschlossenen Mitmenschen anfälliger für soziale Angststörungen.

Eine wichtige Prüfung als Schlüsselerlebnis: Wenn Sie beispielsweise davon träumen, Schauspieler zu werden, und an Ihrem ersten Tag auf der Bühne sehr schlecht abschnitten und vom Publikum ausgebuht wurden, kann es passieren, dass Sie befürchten, diese Erfahrung erneut zu machen, und keine öffentlichen Auftritte mehr wahrnehmen.

Eine Eigenschaft, die Aufmerksamkeit erregt: Dies ist eine der häufigsten Ursachen für soziale Angststörungen. Häufige Beispiele sind Gesichtsentstellungen, Sprachbehinderungen wie Stottern und Erkrankungen wie Parkinson. Solche Merkmale können ein höheres Maß an innerer Unsicherheit auslösen. Eine solche innere Unsicherheit kann zu sozialen Angststörungen führen, insbesondere wenn die betroffene Person wegen ihrer besonderen Eigenschaft gehänselt wird.

Wie Sie also gesehen haben, gibt es keine besondere Ursache für SAS. Es sind vielmehr eine Reihe von Faktoren, die in Kombination zu einer SAS führen könnten. Wenn wir uns später in diesem Buch mit den möglichen Lösungen befassen, werden wir untersuchen, warum es wichtig ist, die Grundursache für SAS während der Behandlung herauszufinden.

Welche körperlichen Symptome treten auf?

Menschen mit SAS sind sich der Einschätzungen anderer Menschen zu bewusst und glauben oftmals, dass diese Einschätzung negativ ist. Die folgenden körperlichen Symptome treten häufig auf. Wenn Sie zum Beispiel eine Rede halten und nur ein einziges Mal stottern, dann denken Sie vielleicht, dass alle im Raum dies bemerkt haben. Es ist jedoch weitaus wahrscheinlicher, dass niemand Ihr Stottern bemerkt hat. Sie selbst werden sich jedoch sagen, dass Sie ein schrecklicher Redner sind und dass alle Menschen dies wissen. Diese Gedanken führen dazu, dass Sie nur noch mehr stottern, schwitzen oder zittern.

Die häufigsten körperlichen Symptome sind:

- Erröten
- Schwierigkeiten beim Sprechen
- Stammeln
- Schütteln oder Zittern
- Erhöhte Herzfrequenz
- Schnelles Atemtempo
- Schwitzen
- Blackout
- Benommenheit
- Konzentrationsschwierigkeiten
- Drang, auf die Toilette zu gehen
- Schwindelgefühl
- Muskelverspannungen
- Erbrechen
- Übelkeit oder Magenverstimmung
- Drang zu fliehen oder zu gehen
- Stolpern und fallen, wenn man an einer Gruppe von Menschen vorbeigeht. Dies passiert, wenn Sie sich Sorgen über die Art und Weise machen, wie Sie gehen.
- Weinen
- Trockener Mund und Hals

- Feuchte und kalte Hände
- Durchfall
- Herzrasen
- Gefühle der Unwirklichkeit (Derealisierung)
- Gefühle der Loslösung von sich selbst (Depersonalisierung)
- Parästhesien (Kribbeln)
- Rotes Gesicht
- Gefühl von Hitzewallungen
- Kurzatmigkeit

Welche Verhaltenssymptome treten auf?

In Bezug auf das Verhalten ist ein Mensch mit sozialen Angststörungen mehr als nur schüchtern und zudem davon überzeugt, dass er nicht gut genug ist. Um sich nicht für seine wahrgenommenen Mängel zu schämen, vermeidet er Situationen vollständig.

Die häufigsten Verhaltenssymptome sind:

- Soziale Situationen insgesamt vermeiden
- Ähnliche Arten von Situationen vermeiden
- Vorzeitiges Verlassen
- Sich auf sich selbst konzentrieren
- Versuche, andere Menschen nicht auf sich aufmerksam zu machen
- Schweigen
- Andere Leute nicht ansehen

Welche emotionalen Symptome treten auf?

Die vorherrschenden emotionalen Symptome von Menschen mit sozialen Angststörungen sind:

- Angst und Nervosität
- Starke, unerklärliche Furcht
- Automatische negative emotionale Zyklen

- In einigen schweren, jedoch seltenen Fällen können Menschen sogar Dysmorphien für Körperstellen (hauptsächlich für das Gesicht) entwickeln und damit beginnen, sich selbst irrational und negativ zu sehen.

Von allen oben genannten emotionalen Symptomen ist unaufhörliche und intensive Angst bzw. Furcht am weitesten verbreitet.

Negative Überzeugungen können soziale Angststörungen erhöhen

Menschen mit einer Sozialphobie haben einige negative Überzeugungen. Diese negativen Überzeugungen sind immer dann ausgeprägter, wenn eine soziale Situation oder ein Ereignis bevorsteht. Diese Überzeugungen bzw. Gedanken sollen die Betroffenen vor den verschiedenen Bedrohungen schützen, die sie wahrnehmen. Die Psychologen Asta Klimaite, John Clarke und Kathryn Smerling berichteten über einige dieser Gedankenmuster wie folgt:

„Ich werde mich wahrscheinlich blamieren."
„Ich kann mich nicht mit anderen Menschen unterhalten."
„Niemand wird mich mögen."
„Die Leute dort werden mich hassen."
„Ich könnte sogar ohnmächtig werden."
„Meine Nervosität wird sich zeigen und die Leute werden es bemerken."
„Ich werde nichts sagen können, weil ich nicht weiß, was ich sagen soll."
„Ich werde nichts anbieten können."
„Die Leute möchten sich nicht gerne mit mir anfreunden."
„Ich könnte sogar etwas Dummes sagen."
„Ich habe Probleme."

Allen obigen Aussagen ist gemeinsam, dass sie mit einem geringen Selbstwertgefühl zu tun haben. Diese Aussagen entstehen aus einem inneren Mangel an Selbstvertrauen. Wenn Sie sich unwürdig fühlen, werden Sie wahrscheinlich auch das Gefühl haben, nichts zu bieten zu haben. Sie werden sich dann sagen, dass Sie, da Sie nichts zu bieten haben, nicht sympathisch sind, und das bedeutet, dass Sie keine soziale Interaktion wie alle anderen Menschen verdienen.

Um sicherzugehen, dass die obigen Aussagen nicht wie vorhergesagt ablaufen, wird eine Person in dieser Situation das gesellschaftliche Ereignis also meiden. Auf diese Weise ergeben sich unmittelbare Vorteile, da dies es den Betroffenen ermöglicht, den Symptomen zu entkommen, die sie so sehr fürchten. Doch was ist mit den langfristigen Nachteilen? Die Nachteile bestehen darin, Ihr Leben nicht in vollen Zügen zu leben und sich selbst einzuschränken.

In diesem Kapitel haben Sie erfahren, warum Menschen in sozialen Situationen ängstlich werden, welche Ursachen dieses Angstgefühl hat und welche Angstsymptome (sowohl körperliche als auch Verhaltensstörungen) auftreten können. Im nächsten Kapitel werde ich Ihnen Tipps zum Umgang mit SAS geben. Die Tipps sollen Ihnen dabei helfen, ein besseres Leben zu führen.

KAPITEL 3:

Tipps zum Umgang mit sozialen Angststörungen

Zu diesem Zeitpunkt sollten Sie eine gute Vorstellung davon haben, ob Sie an einer sozialen Angststörung leiden. Sich zu ängstlich und gehemmt zu fühlen, wenn man andere Menschen trifft, vor Publikum spricht, öffentliche Toiletten oder Umkleideräume benutzt und in der Öffentlichkeit isst, sind einige der häufigsten Anzeichen sozialer Angststörungen.

Viele Menschen mit diesem Problem entscheiden sich dafür, die Anzeichen zu ignorieren und soziale Situationen zu vermeiden, anstatt sich den Tatsachen zu stellen und Hilfe zu suchen. Wie ich bereits erwähnt habe, ist es sogar möglich, dass sich die Betroffenen dafür entscheiden, Drogen und Alkohol zur Selbstmedikation zu verwenden. Selbstmedikation ist jedoch kein Ausweg, da dies zu einem erhöhten Risiko für Depressionen, Alkoholmissbrauch und Einsamkeit führen kann.

In gewissem Maße sind viele Menschen von sozialen Angststörungen betroffen und die gute Nachricht hier ist, dass man etwas dagegen tun kann. In diesem Kapitel werde ich Ihnen einige Tipps geben, wie Sie mit Ihrer Angst umgehen und Ihr Leben einfacher, glücklicher und erfüllender gestalten können. Schauen wir uns einige dieser hilfreichen Tipps an:

Lernen Sie, Ihren Ängsten zu begegnen

Es ist eine für uns Menschen natürliche Verhaltensweise, angsteinflößende Emotionen zu vermeiden. Niemand möchte blind in eine schmerzhafte Erfahrung hineingeraten. In der Regel geht es darum, dass Sie sich vor möglichen Herausforderungen verstecken, die zu Ihrer Freude und Ihrer Weiterentwicklung beitragen. Sie können sich nicht immer vor dieser Angst verstecken. Sie wird stets zurückschlagen, egal wie sehr Sie auch versuchen, sie zu unterdrücken. Es ist sogar wahrscheinlich, dass die Angst dann zurückschlägt, wenn Sie emotionale Gelassenheit am dringendsten brauchen.

Wenn Sie lernen, mit Ihren Ängsten umzugehen, haben Sie eine bessere Kontrolle über Ihre Entscheidungen und Ihr Leben. Eine effektive Methode, um zu lernen, wie Sie Ihren Ängsten begegnen können, besteht darin, sich den sozialen Situationen zu stellen, vor denen Sie Angst haben. Viele Menschen mit sozialen Angststörungen vermeiden solche Situationen, doch eine Vermeidung wird deren Sozialphobie nur weiter befeuern.

Wenn Sie einige nervenaufreibende Situationen vermeiden, fühlen Sie sich natürlich besser, doch das ist alles kurzfristig. Auf lange Sicht wird Ihre Sozialphobie Sie daran hindern, sich in sozialen Situationen wohl zu fühlen, und Sie werden immer noch nicht wissen, wie Sie damit umgehen sollen. Je mehr Sie Ihren Ängsten aus dem Weg gehen, desto größer und beängstigender werden diese Ängste.

Wenn Sie Ihre Ängste unterdrücken, kann Sie dies ebenfalls daran hindern, die Ziele zu erreichen, die Sie sich selbst gesetzt haben, und die Dinge zu tun, die Sie gerne lieben. Wenn Sie zum Beispiel Angst davor haben, vor einer Gruppe von Menschen zu sprechen, dann behalten Sie Ihre tollen Ideen lieber für sich. Weil Sie Angst haben, neue Freunde zu finden, sind Sie lieber ruhig und verlieren somit Menschen, die Ihnen dabei geholfen hätten, aus einer bestimmten Situation herauszukommen. Es gibt so viele Beispiele, in denen Ihre Angst Ihnen Dinge wegnimmt, die Sie hätten gewinnen können.

Obwohl es Ihnen unmöglich erscheinen mag, Ihre Angst vor sozialen Situationen zu überwinden, so gibt es dennoch Hoffnung. Sie müssen mit den Situationen beginnen, die Sie bewältigen können und sich dann langsam zu den anspruchsvolleren hocharbeiten. In kürzester Zeit werden Sie einige Bewältigungsfähigkeiten erwerben und Ihr Selbstvertrauen stärken, während Sie allmählich Ihre Angst in den Griff bekommen.

Nehmen wir als Beispiel ein geselliges Beisammensein mit anderen Menschen. Wenn Sie sich in einer solchen Situation sehr unwohl fühlen, dann können Sie Ihren Ängsten allmählich begegnen, indem Sie mit einem engen Freund an einer Party teilnehmen bzw. mit jemandem, den Sie bereits sehr gut kennen. Sie werden sich auf dieser Party nicht allein oder unwohl fühlen, da Sie einen engen Freund an Ihrer Seite haben. Im Laufe der Zeit werden Sie sich in solchen Situationen wohl fühlen und können dann als Nächstes versuchen, sich einer fremden Person vorzustellen, die Sie auf der Party treffen.

Viele Menschen greifen auch auf die Möglichkeit zurück, ihre Ängste zu vermeiden, indem sie stets auf ihr Smartphone schauen. Wir leben in einer Welt, in der immer alles (und jeder) miteinander verbunden ist. Wenn wir also Angst vor sozialen Situationen haben, nutzen wir unsere Smartphones und verstecken uns dahinter. Wir wissen, was gerade im Leben anderer Menschen geschieht, ohne sie persönlich zu fragen, und wir finden im Internet neue Freunde, nur um soziale Interaktionen zu vermeiden. Dies kann Ihnen trotz kurzfristiger Zufriedenheit nur mehr schaden als nützen.

Laut einer Studie von 2016 über junge Erwachsene und Smartphones gab es „signifikante positive Korrelationen" zwischen der übermäßigen Nutzung von Smartphones und dem Auftreten sozialer Ängste.

Eine weitere Studie aus dem Jahr 2017 ergab, dass von 182 jungen Erwachsenen, die Smartphones nutzten, viele davon technikabhängig waren und soziale Angststörungen, ein geringes Selbstwertgefühl und Isolation aufwiesen.

Die neuesten technologischen Entwicklungen haben dazu geführt, dass Smartphones uns ein Gefühl der Zusammengehörigkeit vermitteln. Laut Isaac Vaghefi, einem Assistenzprofessor für Managementinformationssysteme an der Binghamton University in New York, sind Smartphones ein Werkzeug, das uns eine schnelle, sofortige und kurze Befriedigung verschafft und das uns fast schon süchtig machen kann.

Am Ende werden Sie feststellen, dass das Verstecken hinter Ihrem Smartphone Ihren Entwicklungsprozess nur verzögert, wenn Sie Ihre Angst vor sozialen Situationen angehen möchten. Zuerst werden Sie zwar feststellen, dass Sie sich überwinden müssen, sich Ihren Ängsten zu stellen, aber wenn Sie dies schrittweise tun, sind Sie bereits auf dem besten Weg.

Laut Forschern ist ein entscheidender Ansatz bei der Behandlung von sozialen Angststörungen die absichtliche Exposition gegenüber sozialen Situationen. Ziel ist es, die vermeintlichen Standards und sozialen Normen der Person absichtlich zu stören, um den Kreislauf der weiteren Anwendung von Vermeidungsstrategien und ängstlichen Erwartungen zu durchbrechen.

Infolgedessen sind die Menschen gezwungen, die wahrgenommene Bedrohung durch eine soziale Situation neu zu bewerten, nachdem sie erkannt haben, dass diese sozialen Situationen normalerweise nicht zu den befürchteten irreparablen, lang anhaltenden und unerwünschten Folgen führen. Um es einfach auszudrücken: Wenn Sie sich absichtlich sozialen Situationen aussetzen, werden Sie feststellen, dass eine kleine Anzahl von Ausrutschern nicht zu Ausgrenzung und Ablehnung durch andere Menschen führen wird. Wir sind alle Menschen und machen gelegentlich auch Fehler. Niemand ist perfekt.

Probieren Sie die folgenden Tipps aus, damit Sie sich effektiv in Bezug auf Ihre sozialen Angststörungen weiterentwickeln können:

- Machen Sie einen Schritt nach dem anderen und stellen Sie sich nicht sofort Ihrer größten Angst. Es ist nie eine gute Idee, sich zu schnell Situationen auszusetzen, für die Sie noch nicht bereit sind, da Sie sich schämen und dazu entscheiden könnten, sich wieder zu isolieren. Gehen Sie es stattdessen langsam an, erzwingen Sie nichts und nehmen Sie sich nicht zu viel vor, da dies ein schrittweiser Prozess ist.
- Geduld üben. Um soziale Ängste vollständig zu überwinden, müssen Sie geduldig sein, da es genügend Übung und Zeit erfordert, um Ihre Emotionen zu beherrschen. Sie sollten nach ein oder zwei Versuchen nicht aufgeben und sagen, dass Sie Ihr Bestes gegeben haben. Die Ergebnisse sind zu diesem Zeitpunkt möglicherweise nicht sichtbar, werden sich später jedoch definitiv zeigen.
- Lernen Sie, mit Ihren neu erworbenen Fähigkeiten ruhig zu bleiben. Sie können ruhig bleiben, indem Sie sich auf Ihre Atmung konzentrieren, tief durchatmen und jede Form von negativen Normen ablehnen.

Vermeiden Sie negative Bewältigungsstrategien

Einige psychische Symptome sind auf die negativen mentalen und emotionalen Zustände zurückzuführen, die mit einer Sozialphobie verbunden sind. Dies kann Ihre sozialen Ängste verschlimmern und Sie fühlen sich noch isolierter. Manchmal ist es so verlockend, Drogen zu nehmen oder Alkohol zu trinken, damit Sie sich wohl fühlen. Doch um ehrlich zu sein, können solche Substanzen Ihre Angst nur erhöhen.

Untersuchungen ergaben, dass soziale Angststörungen nicht nur auf innere Gefühle wie Zittern in der Stimme oder Blackouts beschränkt sind, sondern auch körperliche Gefühle wie

Appetitlosigkeit, Magenverstimmungen, Muskelsteifheit, verschwitzte Hände und ein Gefühl der Mattheit auslösen können. Wenn sich von SAS betroffene Menschen in gesellschaftlichen Situationen befinden, die sie nicht vermeiden können, wie zum Beispiel eine Schulveranstaltung, an der viele Menschen teilnehmen, versuchen sie, die Symptome ihrer sozialen Angst durch negative Bewältigungsstrategien zu dämpfen. Sie rauchen dann zum Beispiel Zigaretten oder trinken Alkohol.

Sie fühlen sich zwar nach ein paar Zügen gut und vielleicht sogar weniger besorgt, doch zu viel Rauchen wird höchstwahrscheinlich die Angst verschlimmern. Dasselbe gilt für den Alkoholkonsum. Wenn Sie zu viel Alkohol trinken, erhöht sich Ihre Angst. Zu viel Alkoholkonsum kann zu schlechter Laune, erhöhter Angst und Schlafstörungen führen.

Die Anxiety and Depression Association of America (ADAA) berichtete, dass etwa 20 % der Menschen mit sozialen Angststörungen auch an Alkoholmissbrauch leiden. Es konnte ebenfalls nachgewiesen werden, dass der Faktor Alkoholmissbrauch mit Erwachsenen und Jugendlichen in Verbindung gebracht werden konnte, die mit sozialen Angststörungen zu kämpfen haben.

Ein hilfreicher Tipp, der Ihre Angst in Schach hält und verhindert, dass sich Ihre Angstsymptome verschlechtern, besteht darin, negative Strategien zu vermeiden, die Sie sich angeeignet haben. Vermeiden Sie es, Alkohol zu trinken, egal wie vielversprechend die anfängliche Entspannung ist. Alkohol mag sich beruhigend anfühlen, wird Ihnen jedoch auf lange Sicht definitiv schaden.

Auf der anderen Seite können ein gesunder Lebensstil, gutes Essen, regelmäßiges Training und das Vermeiden von Alkohol Ihnen dabei helfen, mit Ihren sozialen Ängsten umzugehen.

Wechseln Sie die Perspektive

Das Ändern Ihrer Perspektive ist ein weiterer guter Tipp, der Ihnen dabei hilft, mit Ihren sozialen Ängsten umzugehen. Wenn Sie Ihr Verständnis für den Stress ändern, den Sie durchmachen, können Sie besser mit Angst umgehen.

Das Hauptproblem, das ich bei Menschen mit SAS sehe, besteht darin, dass sie jede Form von Stress als schlecht und schädlich ansehen. Sie fürchten, in soziale Situationen zu kommen, und allein der Gedanke daran löst Stress in ihnen aus. Wenn diese Menschen ihre Perspektiven ändern und die Dinge aus einem anderen Blickwinkel betrachten könnten, würden sie Stress nicht als schädlich ansehen. Im Jahr 2013 führte Jeremy Jamieson, Assistenzprofessor für Psychologie an der Universität von Rochester, New York, mit seinen Kollegen eine Studie durch. In dieser Studie wurde festgestellt, dass eine Person – egal ob sie unter sozialer Angst leidet oder nicht – die weiß, wie ihr Körper auf verschiedene Stressfaktoren reagiert (z. B. eine öffentliche Rede), in unangenehmen sozialen Situationen ein wenig gestresst sein wird. Das heißt, dass man sich nicht aufgrund einer sozialen Situation per se gestresst fühlen muss.

Wenn wir davon hören, wie schädlich Stress ist, rasen unsere Gedanken und wir stellen uns vor, gestresst zu sein. Das bedeutet, dass sich unser Körper gerade darauf vorbereitet, eine anspruchsvolle Situation zu bewältigen. Er stellt die notwendigen Ressourcen bereit, liefert Sauerstoff an das Gehirn und pumpt Blut zu den Hauptmuskelgruppen. Wenn wir verstehen, dass es keinen Grund zur Beunruhigung gibt, fühlen wir uns wohler. Untersuchungen haben gezeigt, dass ein Bewältigungsinstrument, das bei negativen Gedanken und Sorgen hilft, die „Ja, aber-Technik" sein kann. Bei dieser Technik geht es darum, dass Sie Ihre negativen Gedanken herausfordern und durch positive Gedanken ersetzen.

Wenn Sie zum Beispiel über eine gesellschaftliche Situation nachdenken und beginnen, Angst zu verspüren, sagen Sie sich „Ja, ich werde heute an einem gesellschaftlichen Treffen teilnehmen, an dem viele Menschen teilnehmen werden" und fügen dann hinzu: „Aber ich bin auch ein toller Mensch mit großartigen Eigenschaften. Es wird so viel zu erzählen geben, wenn ich Leute treffe."

Um den negativen Gedanken zu begegnen, muss man seiner Angst mit positiven Gedanken und positiver Bestätigung gegenübertreten. Dies wird Ihnen dabei helfen, sich selbst zu bestätigen und zu wissen, dass Sie die richtige Entscheidung treffen. Wie ich bereits sagte, müssen Sie sich Ihrer Angst stellen, um mit Ihrer Sozialphobie umzugehen, und positive Bestätigungen helfen Ihnen dabei.

Treten Sie selbstbewusst auf

Selbstvertrauen ist etwas so Magisches, dass es Ihnen Türen öffnet, wenn Sie es im Überfluss haben. Selbstvertrauen ist etwas, für das viele Menschen viel Geld ausgeben würden, obwohl wir alle Selbstvertrauen entwickeln können. Viele Erwachsene sind durch ihre Schüchternheit und durch ihre soziale Phobien eingeschränkt. Ihnen fehlt das Selbstvertrauen, sich anderen Menschen zu stellen oder gehört und gesehen zu werden.

Selbstvertrauen ist etwas, das man lernen kann, genau wie man Fahrradfahren lernen oder sich eine Fertigkeit aneignen kann: Mit viel Übung wird man besser darin. Versuchen Sie, selbstsicher in Bezug auf Ihr Äußeres, Ihre Art zu sprechen und Ihre Art zu handeln zu sein, und Sie werden sehen, wie positiv die Menschen reagieren werden. Ich sage nicht, dass Sie sich lächerlich machen, ein Clown sein oder ein Spektakel aus sich machen sollten, nur um als selbstbewusst angesehen zu werden. Ich meine damit, selbstsicherer in allem zu werden, was Sie tun. Zuerst wird sich dies vielleicht furchterregend anfühlen und Sie möchten vielleicht Abstand davon nehmen. Das sollten Sie jedoch nicht tun, da Sie jedes Mal besser werden. Übung macht den Meister!

Selbstvertrauen zu gewinnen geschieht nicht über Nacht, sondern erfordert eine bewusste Anstrengung von Ihnen, genauso wie die

Entwicklung anderer Fähigkeiten ebenfalls Anstrengung erfordert. Wenn Sie soziale Interaktionen vermeiden, bleibt Ihre Sozialphobie unverändert, doch wenn Sie sich dazu entscheiden, sich Ihren Ängsten zu stellen und sie nicht mehr zu vermeiden, werden Sie dazu bereit sein, Ihre sozialen Ängste zu bekämpfen.

Tun Sie etwas Nettes für eine andere Person

Etwas Nettes für jemanden zu tun ist eine gute Möglichkeit, um gesellschaftliche Situationen unter Kontrolle zu halten, und hilft Ihnen dabei, sich von Bedenken oder negativen Gedanken abzulenken, die Sie haben. Wenn ich sage, dass Sie etwas Nettes für einen anderen Menschen tun sollten, müssen Sie kein extravagantes Geschenk kaufen oder mehr Geld ausgeben, als Sie sich leisten können. Ein einfacher Akt der Freundlichkeit reicht bereits aus, um Ihrer sozialen Angst entgegenzuwirken.

Untersuchungen haben gezeigt, dass sich Freundlichkeit positiv auf die Stimmungslage auswirken kann. Eine Studie aus dem Jahr 2017 ergab, dass jener Bereich im Gehirn aktiviert wird, der mit der Motivation und dem Belohnungszyklus verbunden ist, wenn man etwas Nettes für einen anderen Menschen tut (Cohut, 2017).

Eine weitere Studie aus dem Jahr 2015, die in der Zeitschrift *Motivation and Emotion* veröffentlicht wurde, wies darauf hin, dass selbstloses Handeln Menschen mit sozialen Ängsten helfen kann, sich in sozialen Situationen wohler zu fühlen. In dieser Studie hatten Menschen, die freundlich zu anderen Menschen waren, nicht mehr so stark das Bedürfnis, soziale Situationen zu vermeiden. Akte der Freundlichkeit können darin bestehen, einer fremden Person dabei zu helfen, die Straße zu überqueren, oder einem Nachbarn dabei zu helfen, seinen Rasen zu mähen (Trew & Alden, 2015).

Laut Jennifer Trew, einer der Autoren der Studie der Simon Fraser University in Burnaby in Kanada, hilft es Ihnen, diesen negativen sozialen Erwartungen entgegenzuwirken, indem Sie die positiven

Erwartungen und Wahrnehmungen des eigenen sozialen Umfelds fördern. Freundlichkeit kann das Ausmaß Ihrer Sozialphobie verringern und dazu führen, dass Sie sich seltener von sozialen Situationen fernhalten.

Ein im August 2019 veröffentlichter Bericht von Medical News Today zeigte, wie wichtig es ist, negative Gedanken durch positive zu ersetzen, um soziale Ängste abzubauen, zum Beispiel, indem man schlechte Erfahrungen durch gute ersetzt. Um dies zu tun, wurden einige Leute interviewt und ein Studienteilnehmer hatte Folgendes zu sagen:

„Die betroffenen Personen haben ein negatives Narrativ in ihren Köpfen. Dieses negative Narrativ stammt von peinlichen oder unangenehmen Momenten, die alles andere überschreiben. Wenn die betroffenen Personen jedoch eine gute Interaktion erleben, können sie diese Dynamik nutzen, um wieder und wieder gute Interaktionen zu erleben. Zum Schluss haben sie eine ganze Bibliothek an positiven Referenzen und empfinden es ganz natürlich, dass negative Selbstgespräche nicht gut sind."

Am Ende läuft alles auf einen besseren mentalen Zustand hinaus.

Atmen Sie tief durch

Viele Veränderungen finden statt, wenn Ihr Körper Angst hat. Einige der körperlichen Symptome, die mit Angst verbunden sind, sind Schwindel, eine pochende Brust, erhöhte Herzfrequenz und Muskelverspannungen. Wenn Sie sich eine Minute Zeit nehmen, um innezuhalten, kann Ihr Atem Ihnen dabei helfen, die Kontrolle über Ihren Körper wiederzuerlangen. Es gibt einige Atemtechniken, die Ihnen dabei helfen, Ihren Körper zu beruhigen und zu entspannen. Ich werde später in diesem Buch mehr auf die Zwerchfellatmung als Entspannungstechnik eingehen.

Im Moment konzentrieren wir uns darauf, wie man tief ein- und ausatmet. Sie können beginnen, indem Sie sich setzen und versuchen, einen tiefen Atemzug zu nehmen und Ihren Atem anzuhalten. Zählen Sie von 1 bis 4, atmen Sie dann langsam aus und drücken Sie so viel Luft wie möglich heraus. Atmen Sie erneut tief ein, indem Sie Ihren Bauch mit Luft füllen, und fahren Sie fort, bis Sie feststellen, dass Ihr Atem langsamer wird.

Um mit sozialen Ängsten effektiv umgehen zu können, müssen Sie die Situationen identifizieren, die Sie vermeiden. Erstellen Sie zunächst eine Liste dieser Arten von Situationen bzw. der Situationen, in denen Sie sich ängstlich fühlen, wenn Sie nur daran denken, beispielsweise in einem Restaurant zu essen. Sie befürchten, dass die Leute Sie dabei beobachten, wie Sie essen oder sich entspannen und beschließen, solche Situationen zu vermeiden. Dasselbe gilt, wenn Sie vor einer Gruppe oder mit einer fremden Person sprechen müssen.

Fragen Sie sich also, welche Situationen Ihre Angst hervorrufen und welche Situationen Sie vermeiden. Machen Sie eine Liste dieser Situationen, damit Sie Bescheid wissen, womit Sie es zu tun haben. Im nächsten Kapitel werde ich detaillierter auf dieses Thema eingehen, indem ich Ihnen Wege zeige, wie Sie Ihre Ängste überwinden können.

In diesem Kapitel präsentierte ich Ihnen einige nützliche Tipps, die Ihnen bei Ihrer SAS helfen können. Um die Tipps zu verwenden, müssen Sie einige Änderungen in Ihrem Leben vornehmen. Im nächsten Kapitel werde ich Ihnen erklären, was es bedeutet, seine Ängste zu überwinden, und auf welche unterschiedliche Art und Weise dies erfolgen kann.

KAPITEL 4:

Eine Sozialphobie überwinden

Ihre Handflächen sind verschwitzt, Ihre Gedanken rasen und es fällt Ihnen so schwer, Worte zu formulieren, egal wie sehr Sie es versuchen ... Wir alle haben dieses Gefühl schon einmal erlebt, doch einige Menschen erleben es schlimmer und öfter als andere – alle diese Anzeichen deuten auf eine Sozialphobie hin.

Niemand will sich in der Gegenwart von Menschen blamieren oder dumm dastehen, doch das Extrem dieses Denkens führt dazu, dass Menschen soziale Situationen vermeiden, nur um „sozial sicher" zu sein. Haben Sie sich jedoch schon einmal gefragt, warum Sie soziale Situationen so sehr vermeiden? Ihr Leben steht nicht auf dem Spiel und Sie werden nichts verlieren. Trotzdem vermeiden Sie solche Situationen immer wieder.

Ich kann mich gut an dasselbe Unbehagen erinnern, das Sie empfinden, wenn Sie in der Öffentlichkeit sind. Umgekehrt kann es schwierig sein, sich an körperliche Schmerzen zu erinnern, wenn Sie sich beispielsweise vor einigen Tagen Ihr Bein stark an einem Tisch angeschlagen haben. Es ist von daher keine Überraschung, dass Untersuchungen ergeben haben, dass Menschen soziale Schmerzen viel intensiver empfinden können als körperliche Schmerzen und dass soziale Schmerzen immer wieder neu erlebt werden können.

In einem Artikel im Rahmen des deutschen sozio-ökonomischen Panels (SOEP) mit dem Titel „Wahrgenommene Arbeitsplatzunsicherheit und Wohlbefinden: Auf dem Weg zu konzeptioneller Klarheit" wurde nachgewiesen, dass die Angst vor dem Verlust des Arbeitsplatzes schmerzhafter ist als die Angst, wenn man tatsächlich seine Arbeit verloren hat.

Die meisten Ratschläge zur Überwindung sozialer Ängste sind in der Regel eine Sackgasse. Man bekommt lediglich zu hören, dass wir „diese Gefühle unterdrücken sollen", wenn sie auftauchen. Doch was passiert, wenn diese Gefühle unterdrückt werden? Und was machen wir, wenn die negativen Gefühle wieder auftauchen?

Ich habe einige der besten Strategien von antiken Stoikern, Achtsamkeitsexperten und Neurowissenschaftlern zusammengefasst, um Menschen dabei zu helfen, mit ihren negativen Gefühlen im Zusammenhang mit ihrer Angststörung umzugehen. Die gute Nachricht ist, dass dies nicht so schwer ist. Sie müssen lediglich üben, um besser zu werden. Kommen wir nun dazu, wie Sie Ihre sozialen Ängste überwinden können:

Fordern Sie Ihre negativen Gedanken heraus

Manchmal scheint es unmöglich, eine dauerhafte Lösung für Ihre Sozialphobie zu finden. Es gibt jedoch viele Dinge, die Ihnen dabei helfen können. Zuerst müssen Sie Ihre negativen Gedanken herausfordern. Wenn Sie unter einer Sozialphobie leiden, sollten Sie mit einigen negativen Überzeugungen und Gedanken vertraut sein, die normalerweise Ihre Angst und Furcht hervorrufen. Einige dieser negativen Gedanken können sein:

- „Ich könnte mich selbst durcheinander bringen."
- „Ich möchte nicht als Dummkopf angesehen werden."
- „Ich werde vielleicht sprachlos sein und weiß dann nicht, was ich sagen soll."
- „Meine Hände könnten anfangen zu zittern und ich werde mich am Ende selbst in Verlegenheit bringen."

Wenn Sie diesen negativen Gedanken folgen, indem Sie sich entscheiden, die Situation zu vermeiden, können Sie nur kurzfristige Erleichterung erfahren, aber Sie lassen weiterhin zu, dass die soziale Angst die Kontrolle über Sie besitzt. Aber wenn Sie sich entscheiden, diese Gedanken herauszufordern, kämpfen Sie darum, die Kontrolle über Ihr Leben zurückzugewinnen, und Ihre Angstsymptome werden in kürzester Zeit nachlassen.

Befolgen Sie die folgenden Tipps, um Ihre negativen Gedanken effektiv herauszufordern:

- Identifizieren Sie die negativen Gedanken, die Ihre Angst schüren. Wenn Sie beispielsweise in der Schule im Unterricht sind und Angst haben, dass Sie von Ihrem Lehrer aufgerufen werden, kann der zugrundeliegende negative Gedanke lauten: „Wenn ich aufgerufen werde, werde ich mich blamieren und alle werden mich auslachen."
- Bewerten und hinterfragen Sie negative Gedanken. Sie können beginnen, indem Sie sich Fragen stellen. Fragen wie „Warum denke ich, dass ich mich blamieren werde?" oder „Selbst wenn ich die Frage nicht beantworte, bin ich nicht in der Schule, um zu lernen?". Indem Sie Ihre negativen Gedanken logisch bewerten, können Sie diese jetzt durch positivere Gedanken und durch realistischere Sichtweisen auf soziale Situationen ersetzen, die normalerweise Angst in Ihnen auslösen.

Wenn Sie darüber nachdenken, warum Sie so denken und fühlen, wie Sie es tun, kann Ihnen dies zunächst unangenehm sein. Wenn Sie jedoch die Gründe verstehen, die Ihre Angst und Unruhe verursachen, reduzieren Sie die Wahrscheinlichkeit, dass Angst und Furcht Ihr Leben weiterhin beeinträchtigen.

Es gibt einige Denkweisen, die nicht hilfreich sind, die Sie jedoch womöglich bei sich selbst feststellen. Diese werden Ihnen nichts nützen, sondern Ihre Angst weiter schüren. Im Folgenden sind einige der nicht hilfreichen Denkweisen aufgeführt. Schauen Sie sich diese Denkmuster an und analysieren Sie ehrlich, ob Sie eins dieser Denkmuster haben. Wenn ja, dann ist jetzt ein guter Zeitpunkt, um dieses Verhalten abzulegen.

- Personalisierung: Dies ist der Fall, wenn Sie davon ausgehen, dass andere Menschen negativ auf Sie reagieren werden.
- Gedankenlesen: Sie gehen davon aus, dass die Leute wissen, was Sie denken, und dass sie Sie genauso sehen, wie Sie sich selbst sehen (negativ).
- Katastrophisieren: Betroffene Menschen neigen dazu, die Dinge extrem zu dramatisieren. Sie sind der Meinung, dass es etwas Schreckliches ist, wenn andere Menschen Ihre Nervosität sehen.
- Die Zukunft vorhersagen: Sie beginnen, die Zukunft vorherzusagen, indem Sie davon ausgehen, dass Ihnen das Schlimmste passieren wird oder dass alles ein schreckliches Ende nehmen wird. Solche Gedanken werden lediglich Angst in Ihnen erzeugen.

Konzentrieren Sie sich weniger auf sich selbst und mehr auf andere Menschen

Es ist ziemlich schwierig, den unzähligen Gedanken Einhalt zu gebieten, die Ihnen durch den Kopf gehen, wenn Sie sich in Situationen befinden, die Sie besonders ängstlich machen. Bei sozialen Angststörungen ist es einfacher, sich zu verschließen und sich auf sich selbst und die Sichtweise anderer Menschen zu konzentrieren, während man ständig denkt, dass diese Dinge definitiv negativ sein werden. Dieselbe Denkweise haben Sie, wenn Sie davon überzeugt sind, dass alle Sie ansehen werden, wenn Sie im Unterricht eine Frage beantworten müssen. Doch das muss nicht immer der Fall sein. Sie müssen damit aufhören, sich auf sich selbst und auf das zu konzentrieren, was andere über Sie denken. Konzentrieren Sie sich stattdessen auf Menschen, seien Sie achtsam und arbeiten Sie daran, echte Beziehungen zu anderen Menschen aufzubauen.

In sozialen Situationen, die Sie nervös machen, passiert es leicht, dass Sie angsterfüllte Gedanken bekommen. Sie sind bereits davon überzeugt, dass alle Augen auf Sie gerichtet sind und dass alle

Menschen Sie beurteilen, während Sie sich auf Ihre körperlichen Empfindungen konzentrieren. Sie könnten womöglich denken, dass Sie eine bessere Kontrolle über Ihren Körper haben, je stärker Sie auf Ihre körperlichen Reaktionen achten.

Wenn Sie sich jedoch stärker auf Ihre körperlichen Reaktionen konzentrieren, dann wird Ihr Bewusstsein für Ihre Nervosität weiter erhöht, was wiederum dazu führt, dass Sie noch mehr Angst bekommen. Zudem werden Sie daran gehindert, sich voll und ganz auf die Gespräche um Sie herum und Ihre Leistung zu konzentrieren.

Wenn Sie jedoch zu einem externen Fokus anstatt zu einem internen Fokus wechseln, wird dies einen großen Unterschied bei der Reduzierung Ihrer sozialen Ängste machen. Wie Sie mir sicher zustimmen werden, kann der Versuch, zwei Dingen gleichzeitig die volle Aufmerksamkeit zu widmen, sehr ablenkend sein. Ein besserer Ansatz besteht darin, sich auf die Dinge zu konzentrieren, die um Sie herum geschehen, anstatt zu versuchen, sich auf zwei Dinge gleichzeitig zu fokussieren.

Gewöhnen Sie sich an die Denkweise, dass Menschen keine negativen Dinge über Sie denken, auch wenn sie bemerken, dass Sie etwas nervös sind. Wir Menschen sind nicht perfekt! Leben Sie also im Moment und hören Sie zu, was Ihr Gegenüber Ihnen sagt.

In einer Studie wurden drei Kandidaten für denselben Job befragt. Am Ende wurde der Befragte ausgewählt, der Kaffee auf sein Hemd schüttete und eine hohe Punktzahl erzielte. Der ideale Kandidat, der wenig bis gar keinen Fehler machte, erhielt den Job nicht. Der Grund, den der Personalchef dafür angab, war der, dass der ideale Kandidat nicht ausgewählt wurde, da er zu perfekt wirkte (Barker, 2018).

Die Studie legte nahe, dass es Konsequenzen haben kann, wenn man zu perfekt ist. Warum sind Sie also nicht Sie selbst und erlauben es Ihren Mitmenschen, Sie so zu akzeptieren, wie Sie sind?

Eine andere Forschungsstudie fand heraus, dass Menschen, die zum ersten Mal eine fremde Person treffen, das Treffen bewerten, indem sie sich ansehen, wie gut sie abschneiden, anstatt sich auf das Gesprächsthema zu konzentrieren. Versuchen Sie, ein guter Zuhörer zu sein und auf das zu achten, was Ihr Gegenüber sagt. Dies sind Eigenschaften, die in Gesprächen gutgeheißen werden.

Wenn dies für Sie nicht selbstverständlich ist, befolgen Sie einfach die folgenden Tipps, um zu lernen, wie Sie sich leichter auf andere Menschen konzentrieren können:

- Konzentrieren Sie Ihre Aufmerksamkeit auf andere Menschen, jedoch nicht auf das, was sie über Sie denken. Versuchen Sie, mit diesen Menschen eine echte Beziehung aufzubauen.
- Denken Sie immer daran, dass Angst nicht so stark sichtbar ist. Wenn jemand bemerkt, dass Sie nervös sind, sollten Sie nicht zu dem Schluss kommen, dass er schlecht über Sie denkt. Es besteht eine hohe Wahrscheinlichkeit, dass die andere Person ebenso nervös ist wie Sie oder in der Vergangenheit nervös war, bevor sie ihre Nervosität überwunden hat.
- Hören Sie mehr auf das, was tatsächlich gesagt wird und weniger auf Ihre negativen Gedanken. Die negativen Gedanken werden nur Ihre Angst nähren.
- Leben Sie in der Gegenwart. Versuchen Sie, sich auf den gegenwärtigen Moment zu konzentrieren, anstatt sich zu viele Gedanken darüber zu machen, was Sie als Nächstes sagen werden, oder sich selbst für einen Fehler fertig zu machen, der bereits in der Vergangenheit liegt.
- Setzen Sie sich nicht selbst unter Druck, perfekt zu sein. Versuchen Sie vielmehr, so zu sein, wie Sie sind, und auf die Eigenschaften zu achten, die andere Menschen schätzen.

Seien Sie geselliger

Eine weitere Möglichkeit, um Ihre Ängste herauszufordern und diese zu überwinden, besteht darin, sich unterstützende soziale Umgebungen zu suchen. Versuchen Sie, aus Ihren vier Wänden herauszukommen und mehr Kontakt mit anderen Menschen zu haben, anstatt sich drinnen einzuigeln. Sie können die folgenden Vorschläge ausprobieren:

- Melden Sie sich bei einer Selbstvertrauensschulung oder bei einem Kurs für soziale Kompetenzen an. Solche Kurse werden normalerweise an Volkshochschulen oder an örtlichen Erwachsenenbildungszentren angeboten. Schauen Sie sich also um, welche dieser Schulungen für Sie geeignet sind.
- Arbeiten Sie auf ehrenamtlicher Basis. Ehrenamtlich zu arbeiten kann sehr viel Spaß machen, wenn Sie einen Bereich wählen, in dem Sie sich wohl fühlen. Sie können wählen, ob Sie lieber bei einer Kampagne helfen oder in Ihrer Gemeinde Müll beseitigen wollen. Tun Sie einfach alles, worauf Sie sich konzentrieren können, und lernen Sie dabei gleichzeitig neue Leute kennen.
- Entwickeln Sie Ihre Kommunikationsfähigkeiten weiter. Der Aufbau guter Beziehungen wird durch die Kommunikationsfähigkeit, eine Form der emotionalen Intelligenz, beeinflusst. Wenn es für Sie schwierig ist, mit Menschen zu kommunizieren, sollten Sie die grundlegenden Fähigkeiten der emotionalen Intelligenz erlernen.

Entwickeln Sie einen Lebensstil ohne Angst

Ihr Körper und Geist sind auf natürliche Weise miteinander verbunden. Untersuchungen haben ergeben, dass die Art und Weise, wie Sie Ihren Körper behandeln, sich auf Ihr Angstlevel auswirkt und darauf, wie Sie mit Ihren Angstsymptomen umgehen. Auch wenn Änderungen des Lebensstils allein nicht ausreichen, um Ihre

Ängste zu überwinden, so kann dies die anderen Tipps zur Behandlung von Angststörungen dennoch unterstützen. Werfen wir einen Blick auf einige Tipps zum Thema Lebensstil, die Ihnen dabei helfen, Ihre Angstsymptome in Schach zu halten, und Sie bei der Überwindung Ihrer Angststörungen zu unterstützen.

- Seien Sie aktiv. Sie müssen körperliche Aktivitäten priorisieren. Sie können beginnen, indem Sie täglich 30 Minuten Ihrer Zeit für das Training einplanen. Wenn Sie kein Fan von Sport sind, können Sie das Training mit einer Aktivität kombinieren, die Ihnen Spaß macht. Sie können zum Beispiel zu Ihren Lieblingsliedern tanzen oder jeden Tag zur Bushaltestelle joggen.
- Begrenzen oder vermeiden Sie Ihre Koffeinaufnahme. Tee, Kaffee, Energydrinks und Limonaden wirken als Stimulanzien, die Ihre Angstsymptome verstärken können. Sie sollten in Betracht ziehen, Ihren Koffeinkonsum auf den Morgen zu beschränken oder ganz zu vermeiden.
- Integrieren Sie mehr Omega-3-Fettsäuren in Ihre Ernährung. Die Rolle von Omega-3-Fettsäuren besteht darin, Ihr Gehirn zu unterstützen, Ihre Stimmungslage zu verbessern und Ihre Fähigkeit zu stärken, mit Angstsymptomen umzugehen. Um Omega-3-Fettsäuren zu erhalten, sollten Sie fettigen Fisch wie Hering, Lachs, Sardinen, Sardellen und Makrelen essen. Andere geeignete Lebensmittel sind Walnüsse, Leinsamen und Algen.
- Hören Sie mit dem Rauchen auf. Zigaretten enthalten Nikotin, ein starkes Stimulans. Einige Menschen rauchen, damit sie sich besser fühlen. Rauchen erhöht jedoch nur Ihre Angst, verringert sie jedoch nicht. Wenn Sie süchtig nach Nikotin sind, dann müssen Sie die Gewohnheit zügeln, um sich besser zu fühlen.
- Trinken Sie Alkohol in Maßen. In einer gesellschaftlichen Situation könnten Sie versucht sein, Alkohol zu trinken, weil Sie hoffen, dass es Ihre Nerven beruhigt. Zu viel Alkohol erhöht jedoch nur das Risiko einer Angstattacke.

- Achten Sie auf eine gute Schlafqualität. Schlafentzug führt dazu, dass Sie Ihrer Angst schutzlos ausgeliefert sind. Versuchen Sie, genügend Schlaf zu bekommen, damit Sie in stressigen Situationen ruhig bleiben.

Legen Sie objektive Ziele fest

Wenn Sie sich ängstlich fühlen, dann achten Sie normalerweise nicht auf die positiven Dinge. Wer weiß? Vielleicht schneiden Sie in einer bestimmten Situation tatsächlich großartig ab, doch wegen Ihrer Angst finden Sie dies niemals heraus. Stattdessen entscheiden Sie sich dafür, Ihre Leistung als schrecklich einzustufen. Aus diesem Grund fordern Therapeuten Ihre Patienten auf, objektive Verhaltensziele festzulegen. Diese Verhaltensziele sind das, was die Menschen in Ihrem Umfeld sehen und beobachten. Wie Sie sich fühlen (Angst) oder was Sie tun (Schwitzen, Zittern oder Erröten), spielt keine Rolle, zumal Sie in einer sozialen Situation keine Kontrolle darüber haben.

Wenn Sie also in einem Team arbeiten, sollte Ihr objektives Verhalten darin bestehen, Ihre Meinung zu äußern. Dies wird Ihnen dabei helfen, Ihren Fortschritt zu messen. Zudem konzentrieren Sie sich nicht auf sich selbst und darauf, ob Sie nervös sind. Stattdessen konzentrieren Sie sich darauf, ob Sie Ihr Ziel erreicht haben.

Sie sollten ebenfalls vermeiden, sich auf die Reaktionen der Menschen zu konzentrieren. Wie Ihre Teamkollegen Ihre Idee während des Meetings aufgenommen haben, sollte Sie nicht stören, da am wichtigsten ist, dass Sie diesen ersten mutigen Schritt unternommen haben, um sich zu äußern. Es spielt keine Rolle, ob jemand Ihre Anfrage abgelehnt hat. Zumindest haben Sie gefragt. Es spielt keine Rolle, ob Sie der Meinung einer anderen Person nicht immer zustimmen können. Ihre Meinung ist ebenfalls wichtig. Schließlich haben Sie getan, was nötig war, und Sie können die Handlungen der Menschen nicht kontrollieren.

Seien Sie achtsam

Wenn Sie Achtsamkeitsmeditation praktizieren und in Ihrer Umgebung und Ihren Gedanken präsent sind, werden Sie sich Ihrer Gefühle und Gedanken auf eine positive und nicht wertende Art und Weise bewusst.

Laut einer in der Zeitschrift Social Cognitive and Affective Neuroscience veröffentlichten Studie fanden Forscher heraus, welchen Einfluss Meditation auf Aktivitäten hat, insbesondere für das Gehirn. Die Teilnehmer mit einem normalen Angstlevel hatten an vier zwanzigminütigen Achtsamkeitsmeditationskursen teilgenommen. In der Studie stellte man fest, dass die Angstzustände der Teilnehmer nach der Teilnahme am Achtsamkeitstraining um 39 % abnahmen.

Mehrere andere Studien wiesen ebenfalls die Vorteile der Achtsamkeitsmeditation für den Körper nach. Die Achtsamkeitsmeditation reduziert nicht nur das Angstniveau, sondern lindert auch Depressionen. Untersuchungen der Universität Amsterdam haben ergeben, dass das Achtsamkeitstraining eine zugänglichere, kostengünstigere und effektivere Methode zur Behandlung einer sozialen Angststörung darstellt (Bögels, 2014).

Während des Achtsamkeitstrainings wird den Patienten beigebracht, wie sie ihre Aufmerksamkeit besser kontrollieren und ihre Fähigkeit, durch Meditationstechniken präsent zu sein, stärken können.

Erstellen Sie eine Expositionshierarchie Ihrer sozialen Angst

Die Expositionshierarchie ist eine Liste, mit Hilfe derer Sie die Situationen, die Ihre Angst auslösen, chronologisch aufschreiben, je nachdem, wie ernst die jeweilige Situation ist. Nachdem Sie die Situationen aufgeschrieben haben, testen Sie sich selbst aus, beginnend mit der einfachsten Situation, und fahren fort, bis Sie alle aufgelisteten Situationen abgeschlossen haben.

Sie können zunächst feststellen und bewerten, wie ängstlich Sie sich in einer bestimmten sozialen Situation fühlen. Zum Beispiel steht die Zahl „0" für keine Angst, während „10" die größte Angst ist, die Sie jemals gefühlt haben. Machen Sie jetzt eine Liste, wie Sie sich in jeder Situation fühlen würden – angefangen beim Bitten einer fremden Person um Hilfe bis hin zur Präsentation vor einer Gruppe. Schreiben Sie auch Ihre Vorhersagen auf, damit es für Sie nicht neu ist, wenn es Zeit ist, diese Situationen zu erleben.

Testen Sie Ihre Vorhersagen, schreiben Sie Ihre sozialen Situationen auf und auch, wie Sie sich gefühlt haben. Nachdem Sie dies ein paar Mal gemacht haben, stellen Sie möglicherweise fest, dass das Gespräch mit einer fremden Person jetzt eine „4" anstelle der von Ihnen zuerst vorhergesagten „9" ist. Dieses Aufschreiben hilft Ihnen dabei, Ihre Fortschritte zu verfolgen, was normalerweise ermutigend und motivierend ist.

Lernen Sie, sich zu unterhalten

Wenn Sie versuchen, Ihre Schüchternheit und Ihre sozialen Ängste zu überwinden, werden Sie hoffentlich lernen, selbstbewusster zu sein, wenn Sie mit anderen Menschen sprechen. Ich weiß, wie schwierig es sein kann, mit anderen Menschen zu sprechen. Schon der Gedanke daran, was man sagen soll, kann Ängste auslösen. Eine unangenehme Stille kann sich endlos lang anfühlen und es kann peinlich sein, wenn man nicht weiß, was man als Nächstes sagen soll. Sie können jedoch klein anfangen, indem Sie nach und nach mit Menschen sprechen. Dies hilft Ihnen dabei, sich bei jedem Versuch weniger ängstlich zu fühlen.

Sie können einige Konversationstechniken anwenden, die Ihnen den Einstieg erleichtern. Stellen Sie offene Fragen und lassen Sie die andere Person den größten Teil des Gesprächs führen. Stellen Sie Fragen, die nicht nur eine Ja- oder Nein-Antwort erfordern, sondern stellen Sie persönliche Fragen in der Hoffnung, das Gespräch auf eine tiefere Ebene zu bringen. Auf diese Weise lernen Sie die andere Person besser kennen. Sobald Sie sich wohl und sicher fühlen, können Sie einige Ihrer persönlichen Informationen verraten. Dies ist wie eine Einladung an die Person, Ihnen ebenfalls tiefgründigere Fragen zu stellen.

Seien Sie nett zu sich selbst

Wir Menschen sind nicht perfekt. Jeder macht hin und wieder einen Fehler und fühlt sich deswegen schlecht. Ich möchte, dass Sie wissen, dass es nicht so einfach ist, Ihre Ängste zu überwinden, und dass Sie dies nicht an einem Tag schaffen können. Also geben Sie sich ein wenig Zeit!

Es gibt Zeiten, in denen Sie anfangen, negativ zu denken, Ihre Motivation zu verlieren und vielleicht sogar wieder in Ihre schlechten Gewohnheiten zurückzufallen. Wenn Sie sich müde oder gestresst fühlen, fühlen Sie sich möglicherweise ängstlicher. Denken Sie jedoch nie, dass Sie versagt haben. Sie müssen sich lediglich eine Minute Zeit nehmen und freundlich zu sich selbst zu sein. Sie brauchen Geduld und Selbstmitgefühl, um erfolgreich zu sein. Das sind Ihre Schlüssel zur Freiheit. Wenn Sie einen schlechten Tag haben, dann geben Sie nicht auf. Seien Sie einfach nett zu sich selbst und stehen Sie wieder auf.

Die Anxiety and Depression Association of America (ADAA) schätzt, dass ein Drittel der Menschen, die an einer sozialen Angststörung leiden, etwa zehn Jahre lang wartet, bevor sie sich an einen Fachmann wenden. Angststörungen haben negative

Auswirkungen auf viele verschiedene Aspekte des Lebens – von Ihren persönlichen Beziehungen bis zu Ihren Beziehungen am Arbeitsplatz.

In diesem Kapitel habe ich Ihnen einige großartige Möglichkeiten an die Hand gegeben, um Ihnen dabei zu helfen, Ihre sozialen Ängste zu überwinden. Auch wenn es nach einer entmutigenden Aufgabe aussieht, so lohnt es sich dennoch, diese Möglichkeiten auszuprobieren, damit Sie Ihr bestes Leben führen können. Egal wie nervös Sie sich in sozialen Situationen fühlen: Lernen Sie, Ihre selbstkritischen Gedanken zum Schweigen zu bringen und selbstsicherer im Umgang mit anderen Menschen zu sein. Indem Sie die Informationen beherzigen, die ich Ihnen in diesem Kapitel verraten habe, werden Sie lernen, Ihre Ängste zu überwinden und großartige und lohnende Beziehungen zu Ihren Mitmenschen aufzubauen.

Die Überwindung sozialer Ängste ist ein schrittweiser Prozess, der Zeit benötigt, um neue neuronale Verbindungen für soziale Interaktionen zu bilden. Wenn Ihre soziale Angst und Ihr tägliches Leben nach Befolgung aller von mir gegebenen Tipps dennoch nicht besser wird, dann zögern Sie nicht, sich professionelle Hilfe zu suchen.

Was kommt nun als Nächstes, nachdem Sie eine Vorstellung davon erhalten haben, wie Sie Angst überwinden können? Im nächsten Kapitel werde ich einige Entspannungstechniken vorstellen, die Sie anwenden können, und erläutern, wie diese funktionieren und wie Sie sie üben.

KAPITEL 5:

Entspannungstechniken

Was meinen wir im alltäglichen Kontext, wenn wir sagen, dass wir entspannt sind? Wenn wir sagen, dass wir entspannt sind, meinen wir damit meistens einfach, dass wir frei von Spannungen sind. Im Rahmen von sozialen Angststörungen erkennen wir, warum Entspannung so wichtig ist. Wenn Sie durch Ihre Sozialphobie angespannt sind, dann sollten Entspannungstechniken dazu in der Lage sein, Sie von diesen Spannungen zu befreien.

Entspannung ist eng mit Achtsamkeit und Meditation verbunden, es gibt jedoch einige Unterschiede. Betrachten Sie Entspannung als das finale Ziel, während Achtsamkeit und Meditation die Mittel sind, um dorthin zu gelangen. Wenn Sie beispielsweise Yoga oder andere mentale Übungen praktizieren, kontrollieren Sie Ihren Atem und Ihre Gedanken, bis Sie Ihren ganzen Körper in einen entspannten Modus versetzt haben. Sie haben also gerade eine Achtsamkeitstechnik verwendet, um Entspannung zu erreichen. Es liegt also nahe, dass bestimmte Erkrankungen wie Angstzustände, die die Ruhe des Körpers destabilisieren können, durch bestimmte Entspannungstechniken behandelt werden können.

Verschiedene Entspannungstechniken haben sich als sehr wirksam gegen Angststörungen erwiesen, auch bei Sozialphobien. Diese Entspannungstechniken werden mit anderen Behandlungen kombiniert, um bessere Ergebnisse zu erzielen, insbesondere in sehr schweren Fällen. Entspannungstechniken können aber auch allein verwendet werden, um vielen Symptomen sozialer Angststörungen entgegenzuwirken. Zum Beispiel können Entspannungstechniken wie Tiefenatmungs- und Muskelentspannungstechniken die Nerven während einer Rede beruhigen.

Gibt es Beweise dafür, dass es funktioniert?

Es wurden mehrere Studien durchgeführt, um festzustellen, ob Entspannungstechniken bei sozialen Angststörungen wirksam sind. Eine derartige Studie ist eine Metaanalyse von fünfzig Studien mit 2.801 Patienten. Diese Studie verglich die Ergebnisse der Behandlung von Patienten mit Entspannungstechniken mit denen von kognitiven und verhaltensbezogenen Therapien. Die Forscher fanden heraus, dass es keinen deutlichen Unterschied zwischen den Ergebnissen gab. Vergessen Sie nicht, dass die kognitive Verhaltenstherapie als die wichtigste psychologische Behandlung für soziale Angststörungen gilt. Wenn Entspannungstechniken also genauso gut funktionieren, sind sie ebenfalls gegen soziale Ängste wirksam.

Eine weitere Metaanalyse-Studie, die 2018 durchgeführt wurde, zeigte, dass Entspannungstechniken bei Menschen mit sozialen Angststörungen dazu beitrugen, negative Emotionen wie Depressionen, Sorgen und Phobien zu reduzieren.

Nachdem wir nun den Beweis haben, dass sie funktionieren, lassen Sie uns nun einige Entspannungstechniken betrachten, die Sie verwenden können.

Entspannungstechniken gegen soziale Angst

Zwerchfellatmung

Die Zwerchfellatmung, auch als Tiefenatmung bezeichnet, ist ein Atemmuster, bei dem Sie Ihr Zwerchfell so erweitern, dass Ihre Brust sich nicht bewegt, sondern dass nur Ihr Bauch sich auf und ab bewegt. Auf diese Weise atmen Sie tiefer ein und aus, was Ihre Symptome lindert. Die Atmung ist sehr wichtig für uns, da unser Körper und unsere Organe auf diese Weise mit lebenswichtigem Sauerstoff versorgt werden. Wenn Ihre Atmung nicht gut ist, wird der Austausch von Sauerstoff und Kohlendioxid gestört, was zu Angstzuständen führen kann.

Im Idealfall müssen Sie nicht warten, bis Sie einen Angstanfall haben, bevor Sie versuchen, die Zwerchfellatmung anzuwenden. Sie sollten die Zwerchfellatmung auch dann üben, wenn Sie entspannt sind, damit sie Ihnen leicht fällt, wenn es an der Zeit ist, sie anzuwenden. Andernfalls kann es schwierig sein, die Atmung anzuwenden, wenn Ihre Angst bereits Besitz von Ihnen ergriffen hat. Ein weiterer Grund, warum Sie die Tiefenatmungsübung praktizieren sollten, besteht darin, dass andere Entspannungstechniken darauf basieren, was diese zu einer wichtigen Technik macht, die Sie beherrschen müssen.

Wie wichtig ist die Zwerchfellatmung?

Wenn Sie angespannt sind, wechselt Ihr Körper in den sogenannten „Kampf oder Flucht"-Modus. In diesem Modus ist Ihr Körper in Alarmbereitschaft, ähnlich wie während eines Kampfes. Wenn Sie zum Beispiel kämpfen, wechselt Ihr Körper in diesen Modus, weil er möchte, dass Sie so viele physische Angriffe wie möglich bemerken und vermeiden. Die meisten körperlichen Prozesse laufen während eines Kampfes sehr schnell ab. Um diese schnelleren körperlichen Prozesse zu ermöglichen, schlägt Ihr Herz schneller, damit genügend Blut zirkulieren kann. Dies kann normal sein, wenn Sie gesund sind und sich in einem Notfall befinden. Wenn Sie jedoch unter einer sozialen Angststörungen leiden und sich gar nicht wirklich in einem Notfall befinden, kann diese Situation schnell zu einem Angstanfall ausarten.

In diesem Fall hilft Ihnen die Tiefenatmungstechnik, um sich der Veränderungen in Ihrem Körper bewusst zu werden und die Herzfrequenz zu verlangsamen, indem Sie das Tempo und die Tiefe Ihrer Atmung bestimmen. Auf diese Weise erkennt Ihr Körper, dass es keinen Notfall gibt, sondern nur eine harmlose soziale Situation. Dadurch wird die Wahrscheinlichkeit, einen Angstanfall zu erleiden, erheblich verringert.

Wie kann ich die Zwerchfellatmung üben?

Ich habe bereits erwähnt, dass es gut ist, Ihren Körper an dieses Atemmuster zu gewöhnen, damit Sie es bei Bedarf problemlos anwenden können. Lassen Sie mich Ihnen jetzt zeigen, wie Sie die Zwerchfellatmung üben können, auch wenn Sie allein und bereits entspannt sind.

Sehen Sie sich die Schritte an, die Sie unternehmen können, um die Tiefenatmungstechnik zu üben:

1. Finden Sie einen Ort, der frei von Ablenkung ist. Wenn Sie damit beginnen, sollten Sie Ablenkungen vermeiden, damit Sie sich auf Ihren Atem konzentrieren können. Deshalb ist ein ruhiger Ort ohne Ablenkungen von entscheidender Bedeutung. Sie müssen auch eine Position finden, die Ihnen genügend Entspannung ermöglicht. Legen Sie sich zum Beispiel auf den Rücken oder setzen Sie sich auf einen Stuhl. Entspannen Sie alle Ihre Muskeln. Sie müssen sich zudem frei fühlen. Gegenstände wie Brillen, Uhren oder enge Kleidung sind also möglicherweise nicht ideal.

2. Um sicherzustellen, dass Sie richtig atmen, muss sich Ihr Bauch beim Ein- und Ausatmen auf und ab bewegen. Legen Sie eine Hand auf Ihre Brust und die andere auf Ihren Bauch, um sicherzustellen, dass sich Ihre Brust während der Übung nicht bewegt. Atmen Sie nun tief ein und aus und zählen Sie langsam bis drei, um sicherzustellen, dass Ihr Atem wirklich tief genug ist.

3. Halten Sie den Atem für eine kurze Zeit an und atmen Sie anschließend langsam aus, während Sie wieder bis drei zählen. Achten Sie darauf, dass sich Ihr Bauch bewegt und nicht Ihre Brust.

4. Wiederholen Sie die Übung fünf bis zehn Minuten lang, bis Ihr Körper entspannt ist.

Machen Sie diese Übung einige Tage lang weiter, bis Sie sie beherrschen. Wenn Sie Probleme haben, sich diese Technik anzueignen, können Sie an einem Yoga-Kurs oder einem Achtsamkeitsmeditationskurs teilnehmen. In diesen Kursen lernen Sie einige andere Techniken kennen, bei denen ebenfalls die Tiefenatmung verwendet wird.

Autogenes Training

Haben Sie schon einmal den Satz „Im Wort liegt die Kraft" gehört? Dieser Satz ist die Grundlage des autogenen Trainings. Beim autogenen Training erzählen Sie sich wiederholt Dinge, die Sie entspannen, wie zum Beispiel: „Ich bin jetzt entspannt." Man nimmt an, dass Sie, wenn Sie diese Aussagen für sich selbst wiederholen, die Funktionsweise Ihres autonomen Nervensystems beeinflussen können. Das autonome Nervensystem steuert nämlich die Herzfrequenz.

Eine im Jahre 2008 durchgeführte Metaanalyse von Stretter und Kupper zeigte, dass das autogene Training tatsächlich bei der Behandlung von Angstzuständen wirksam ist. Wenn autogenes Training Ihre Angstzustände behandeln kann, können Sie diese Technik auch verwenden, um sich zu beruhigen, wenn Sie sich in einer gesellschaftlichen Situation befinden.

Wie praktizieren Sie also diese Technik?

Die Vorbereitung auf autogenes Training ähnelt den Schritten für die Zwerchfellatmung. Stellen Sie sicher, dass Sie sich an einem Ort befinden, der frei von Ablenkungen ist und stellen Sie sicher, dass Sie sich ebenfalls frei fühlen, indem Sie eng anliegende oder unbequeme Kleidung vermeiden. Legen Sie sich flach auf den Boden oder setzen Sie sich auf einen Stuhl.

Machen Sie nun Folgendes:

- Üben Sie zunächst einige Minuten lang die Zwerchfellatmung. Sagen Sie sich danach sanft die Worte: „Ich bin ruhig."
- Als Nächstes konzentrieren Sie Ihre Aufmerksamkeit auf Ihre Arme. Dann sagen Sie sich: „Meine Arme sind schwer." Wiederholen Sie diese Aussage noch weitere sechs Mal. Dann sagen Sie sich: „Ich bin ruhig."
- Konzentrieren Sie Ihre Aufmerksamkeit wieder auf Ihre Arme. Diesmal sagen Sie sich leise: „Meine Arme sind warm." Wiederholen Sie diese Aussage noch weitere sechs Mal. Dann sagen Sie sich: „Ich bin ruhig."
- Lenken Sie Ihre Aufmerksamkeit nun auf Ihre Beine und sagen Sie sich leise: „Meine Beine sind schwer." Wiederholen Sie diese Aussage noch weitere sechs Mal. Dann sagen Sie sich: „Ich bin ruhig."
- Achten Sie wieder auf Ihre Beine. Machen Sie dasselbe, indem Sie sich sagen: „Meine Beine sind warm." Machen Sie das noch weitere sechs Mal. Dann sagen Sie sich: „Ich bin ruhig."
- Gehen Sie weiter zu Ihrem Herzschlag. Konzentrieren Sie Ihre Aufmerksamkeit darauf und wiederholen Sie ruhig: „Mein Herz schlägt ruhig und regelmäßig." Dann sagen Sie sich: „Ich bin ruhig."
- Konzentrieren Sie sich auf Ihren Atem. Sagen Sie sich: „Meine Atmung ist ruhig und regelmäßig." Dann sagen Sie sich: „Ich bin ruhig."
- Konzentrieren Sie Ihre Aufmerksamkeit auf Ihren Bauch und sagen Sie sich leise: „Mein Bauch ist warm." Tun Sie dies noch sechs Mal und sagen Sie sich dann: „Ich bin ruhig."
- Als Nächstes kommt Ihre Stirn an die Reihe. Wiederholen Sie leise: „Meine Stirn ist angenehm kühl." Tun Sie dies noch sechs Mal und sagen Sie sich dann: „Ich bin ruhig."

- Beobachten Sie, wie sich Ihr Körper entspannt, und genießen Sie das damit verbundene Gefühl. Dann sagen Sie sich ruhig und leise: „Meine Arme sind fest, ich atme tief ein und aus und meine Augen sind offen."

Progressive Muskelentspannung

Menschen, die an einer sozialen Angststörung leiden, leiden häufig unter angespannten Muskeln. Diese Muskelspannungen entstehen, weil sie sich unwohl fühlen und nervös sind. Deshalb ist progressive Muskelentspannung für Menschen mit Sozialphobien und Angstzuständen sehr effektiv. Die progressive Muskelentspannung ist eine Technik zur Verringerung von Angstzuständen, die darauf abzielt, Verspannungen in den Hauptmuskelgruppen zu beseitigen und diese durch Entspannung zu ersetzen. Sie wurde erstmals 1930 vom amerikanischen Arzt Edmund Jacobson eingeführt.

Diese Technik ist so effektiv gegen Angstzustände und Verspannungen, dass Sie bei richtiger Anwendung sogar einschlafen können. Wenn Sie diese Technik beherrschen, werden Sie vom Unterschied zwischen einem angespannten und einem entspannten Muskel begeistert sein. Letzteres ist von unschätzbarem Wert. Sie sollten sich darauf freuen, diesen Zustand zu erreichen.

Genau wie andere Entspannungstechniken kann sie für sich allein verwendet oder mit anderen kombiniert werden, um eine stärkere Wirkung zu erzielen. Die progressive Muskelentspannung erfordert ebenfalls ein wenig Übung, um sich daran zu gewöhnen. Üben Sie diese Technik also auch, wenn Sie entspannt sind, sodass Sie sie, wenn Sie es nicht sind, leichter anwenden können.

Im Folgenden finden Sie die Schritte zum Üben der progressiven Muskelentspannung. Beginnen Sie wieder damit, einen ruhigen Ort zu finden, an dem Sie nicht abgelenkt werden. Beginnen Sie in einer sehr entspannten Haltung. Legen Sie sich zum Beispiel flach auf den Boden oder setzen Sie sich auf einen bequemen Stuhl.

Versuchen Sie, keine eng anliegende Kleidung zu tragen und entfernen Sie Gegenstände, die Sie möglicherweise stören könnten, wie z. B. Kopfhörer, Brillen, Uhren oder Armbänder. Wenn Sie bereit sind, nehmen Sie sich die ersten sechs bis sieben Minuten lang Zeit, um die Tiefenatmung zu praktizieren.

Führen Sie danach die folgenden Schritte aus, während Sie sich weiterhin entspannen:

- Beginnen Sie mit Ihrer Stirn. Spannen Sie die Muskeln in Ihrer Stirn sanft an und halten Sie diese Spannung etwa fünfzehn Sekunden lang aufrecht. Sie werden spüren, wie sich die Muskeln anspannen. Entspannen Sie sie dann wieder vorsichtig, während Sie bis dreißig zählen. Sie sollten nun ein Gefühl der Entspannung in Ihrer Stirn bemerken. Um optimale Ergebnisse zu erzielen, atmen Sie langsam und gleichmäßig ein.
- Als Nächstes konzentrieren Sie sich auf Ihren Kiefer. Spannen Sie Ihre Kiefermuskeln etwa fünfzehn Sekunden lang an und lösen Sie dann die Spannung, während Sie bis dreißig zählen. Achten Sie dabei auf die Entspannung Ihrer Kiefermuskeln. Stellen Sie außerdem sicher, dass Sie langsam und tief atmen.
- Gehen Sie weiter zu Ihrem Nacken und Ihren Schultern. Spannen Sie die Muskeln in diesem Bereich an, indem Sie die Schultern anheben und etwa fünfzehn Sekunden lang in dieser Position halten. Lösen Sie dann vorsichtig die Spannung, während Sie von dreißig herunterzählen.
- Ballen Sie Ihre Hände vorsichtig zu Fäusten. Ziehen Sie Ihre Fäuste in Richtung Brust und halten Sie sie fünfzehn Sekunden lang fest. Drücken Sie die Fäuste fest zusammen und halten Sie sie sehr nah an Ihre Brust. Entspannen Sie Ihre Muskeln wie bei den vorherigen Übungen wieder, während Sie von dreißig herunterzählen, und spüren Sie die Entspannung.

- Dann gehen Sie weiter zu Ihrem Gesäß. Halten Sie die Muskelspannung in Ihrem Gesäß für ca. fünfzehn Sekunden lang aufrecht. Lassen Sie nach fünfzehn Sekunden die Spannung allmählich los, während Sie von dreißig herunterzählen. Atmen Sie langsam und beobachten Sie, wie die Entspannung die Anspannung ersetzt.
- Spannen Sie als Nächstes Ihren Waden und Ihren Quadrizeps an. Spannen Sie die Muskulatur für ca. fünfzehn Sekunden in diesem Bereich an und lösen Sie die Spannung innerhalb von dreißig Sekunden wieder.
- Erhöhen Sie schließlich langsam und ruhig die Spannung in Ihren Füßen und Zehen, soweit dies möglich ist. Lösen Sie die Spannung, während Sie von dreißig herunterzählen. Atmen Sie langsam und beobachten Sie, wie die Spannung in den Muskeln schwindet.

Mit dieser letzten Übung sollte die Entspannung in Ihren Körper zurückkehren. Genießen Sie das Gefühl, das nun eintritt, und atmen Sie gleichmäßig und langsam weiter.

Katathym Imaginative Psychotherapie (KIP)

Würden Sie gerne eine Technik kennen, mit der Sie Ihren Geist und Körper innerhalb von Sekunden beruhigen und die Sie dennoch einfach ausführen können? Dann ist diese Methode großartig für Sie! Die Katathym Imaginative Psychotherapie ist sehr effektiv, um Stress abzubauen und ein dickes Fell zu bekommen. Es handelt sich hierbei auch um eine der Entspannungstechniken, die sich bei der Behandlung von sozialen Angststörungen als wirksam erwiesen haben.

Ich bin mir sicher, dass Sie diese Technik unbedingt ausprobieren möchten. Lassen Sie mich erklären, wie sie funktioniert, damit Sie gleich mit dem Üben beginnen können! Bevor wir jedoch loslegen, gibt es verschiedene Möglichkeiten, dies zu tun. Erstens können Sie diese Übung in einem Kurs zusammen mit einem Lehrer praktizieren, der Sie anleitet. Sie können auch eine Aufzeichnung verwenden, die Sie durch die Übung führt. Sie können sogar Ihre eigenen Audioaufnahmen erstellen und verwenden. Schließlich können Sie sich auf Ihre innere unbewusste Stimme verlassen, die Ihnen sagt, was zu tun ist. Bei allen Optionen müssen Sie sich jedoch stets von etwas leiten lassen. Nachdem Sie nun mit dem Konzept vertraut sind, erkläre ich Ihnen mit dem nachfolgenden Leitfaden, wie Sie diese Technik einsetzen können:

- Machen Sie es sich bequem:

Sie brauchen einen ruhigen Ort und eine entspannte Position. Sie können sich auf einen Stuhl setzen oder sich in den Schneidersitz begeben.

- Führen Sie die Zwerchfellatmung aus:

Atmen Sie mit Hilfe Ihres Zwerchfells, während Sie die Augen schließen und sich auf Ihren Atem konzentrieren, wie weiter oben in diesem Kapitel beschrieben. Stellen Sie sich dabei vor, dass Sie ruhig Ihren Stress ausatmen. Achten Sie darauf, dass sich Ihre Brust und Schultern beim Atmen nicht bewegen und dass nur Ihr Bauch sich bewegt.

- Wählen Sie eine entspannte Szene, die zu Ihnen passt, und stellen Sie sich diese Szene anschaulich vor:

Für verschiedene Menschen können dies unterschiedliche Dinge sein. Manche Menschen stellen sich vor, im Lotto zu gewinnen, manche stellen sich vor, dass sie eine Garage voller schneller Autos haben, andere Menschen stellen sich vor, Zeit mit geliebten Menschen verbringen. Was auch immer Sie an einen entspannten Zustand erinnert, stellen Sie sich diese Dinge lebhaft vor. Vielleicht können Sie sich an die Details einer sehr angenehmen Erfahrung aus vergangenen Jahren erinnern oder sich eine Szene aus einem Film oder Buch vorstellen, das Sie lieben. Die Quintessenz hier ist, dass die Erinnerung, die Sie aufrufen, Ihnen gefällt.

- Tauchen Sie ein in die sensorischen Details dieser Szene:

Jetzt, da Sie sich Ihre perfekte Szene vorstellen, müssen Sie in den Moment eintauchen. Versuchen Sie, alle Ihre Sinne in die Vorstellung einzubeziehen. Stellen Sie sich vor, wie diese Situation riecht, wie sie sich anfühlt und welche anderen Details es gibt, wie zum Beispiel das Geräusch von Regen auf dem Dach oder ein knisterndes Feuer im Kamin.

- Entspannen Sie sich:

Jetzt, da Sie ein detailliertes Bild mit allen Sinnen im Kopf haben, ist es Zeit, sich zu entspannen. Achten Sie darauf, dass Sie sich ganz in Ihrer Vorstellung befinden und alles darin genießen. Bleiben Sie so lange in dieser Situation, wie es Ihnen gefällt. Während Sie sich entspannen, lösen Sie sich von jeglichem Stress und jeder Angst. Wenn Sie entscheiden, dass es an der Zeit ist, um in die Realität zurückzukehren, zählen Sie einfach von zwanzig herunter und behalten Sie das Gefühl der Gelassenheit bei, wenn Sie Ihren Countdown beendet haben.

Achtsamkeitstechniken, um in sozialen Situationen präsent zu bleiben

Wir haben gesehen, wie soziale Ängste Ihr Leben beeinflussen können. Doch wir haben ebenfalls festgestellt, dass das nicht sein muss. Sie können sich dagegen wehren und Ihr Leben zurückerobern. Und eine der Waffen in Ihrem Arsenal ist die Achtsamkeit. Achtsamkeit hat eine immense Kraft, mit der Sie soziale Ängste lindern können. Kein Wunder, dass traditionelle Buddhisten so sehr daran glauben. Viele Gesundheitsexperten nutzen aktiv die Kraft der Entspannung, Achtsamkeit und Meditation, um verschiedene Erkrankungen wie Angstzustände, Depressionen, Schmerzen, Schlaflosigkeit und sogar posttraumatische Belastungsstörungen zu behandeln.

Auch Sportler wenden die Prinzipien der Entspannung an, um ihre Leistungen zu verbessern. Dasselbe gilt für CEOs großer Unternehmen, die Entspannungsprinzipien nutzen, um in der chaotischen Geschäftswelt cool zu bleiben. Entspannungstechniken wie Achtsamkeit und Meditation finden heutzutage sogar Eingang in die Schullehrpläne, da Schülern und Lehrern gezeigt wird, wie sie damit ihre Emotionen kontrollieren und ihre Konzentration verbessern können.

Was ist Achtsamkeit? Stellen Sie sich die Achtsamkeit so vor: Waren Sie schon einmal in einer sehr lauten Umgebung und haben es irgendwie geschafft, all den Lärm auszuschalten und sich auf das zu konzentrieren, was für Sie wichtig war, vielleicht ein Buch, das Sie gerade lasen? Wenn ja, dann war das die Kraft der Achtsamkeit. Sie fokussierten einfach Ihren Geist, um auf das zu achten, was für Sie am wichtigsten war.

Um Achtsamkeit zur Behandlung von Sozialphobien einzusetzen, müssen Sie jedoch ein wenig anders vorgehen. Wenn Sie jemals versucht haben, einen negativen Gedanken zu vermeiden, wissen Sie, wie schwierig das sein kann. Es ist schwierig, denn während Sie versuchen, solche Gedanken zu blockieren, geht das Gehirn davon aus, dass dieser Gedanke sehr wichtig ist, und hält daran fest. Wenn wir also Achtsamkeit gegen soziale Ängste einsetzen, versuchen wir nicht, diese unangenehmen Gedanken wie „Ich bin nicht gut genug" oder „Sie mögen mich nicht" oder „Ich werde mich in Verlegenheit bringen" auszublenden. Stattdessen versuchen wir, die Existenz dieser Gedanken anzuerkennen und uns dennoch davon zu überzeugen, dass sie für uns nicht hilfreich sind – weil sie es tatsächlich nicht sind! Anstatt uns auf diese negativen Gedanken zu konzentrieren, behandeln wir sie wie das Hintergrundrauschen im oben genannten Beispiel und konzentrieren uns auf das Gespräch bzw. die anstehende Aufgabe.

Sprechen wir über die Definition von Achtsamkeit. Achtsamkeit ist die Fähigkeit, Ihre Gedanken auch in einer sozialen Situation innerhalb der Gegenwart zu sammeln. Es handelt sich um die

Fähigkeit, seine Gedanken und Gefühle zu bemerken und sich darauf zu konzentrieren, ohne sie zu beurteilen. Was bedeutet das für Sie? Es bedeutet, dass Sie Ihre Gedanken loslassen, egal ob Sie gut sind oder nicht, und sich ohne Ablenkung auf die Gegenwart konzentrieren.

Im Folgenden finden Sie einige Achtsamkeitstechniken, mit denen Sie Symptome sozialer Angst lindern können:

1. **Werden Sie sich der Tatsache bewusst, dass Sie ängstlich sind**

Wie sollen Sie Maßnahmen ergreifen, um Ihre Angst zu lindern, wenn Sie sich nicht bewusst sind, dass Sie ängstlich sind? Der Schlüssel ist, dieses Gefühl zu erkennen. Zum Glück haben wir uns im zweiten Kapitel dieses Buches die Symptome sozialer Angst angesehen. Sie können diese Liste durchgehen und die Symptome identifizieren, die auf Sie zutreffen, damit Sie besser verstehen, wann Sie sich ängstlich fühlen. Wenn Sie diese Symptome erkennen, können Sie diese Tricks anwenden, um Ihre soziale Angst zu lindern.

2. **Geben Sie der Angst die Schuld, nicht sich selbst**

Wenn Sie feststellen, dass Sie unter einer Sozialphobie leiden, machen Sie sich keine Vorwürfe. Schieben Sie stattdessen die Schuld auf die eigentliche Ursache Ihres Zustands – die soziale Angststörung. Versuchen Sie dann, die Kontrolle zurückzugewinnen. Versuchen Sie, die Angststörung als ein fremdes Element zu betrachten, das Sie stört und bauen Sie Ihre Abwehr auf. Erinnern Sie sich daran, dass Sie und nur Sie allein entscheiden können, wie Sie sich fühlen. Dann greifen Sie auf eine der Techniken zurück, die wir bisher besprochen haben.

3. Konzentrieren Sie sich auf Ihre Sinne mit Hilfe der „Remember the Five"-Technik

Diese Technik ist eine Achtsamkeitsstrategie, die Ihnen dabei helfen kann, mit Angstzuständen, Ablenkungen und überwältigenden Gedanken umzugehen. Wann immer Sie überfordert sind, verwenden Sie diese Technik, um Ihren Geist in die Gegenwart zu bringen.

Was heißt das konkret? Diese Übung zielt darauf ab, Ihre Sinne an Ihre aktuelle Situation oder Umgebung zu binden.

Hören Sie mit der Sache auf, die Sie gerade tun, schließen Sie die Augen und atmen Sie tief durch. Versuchen Sie dann mit geschlossenen Augen, sich an fünf Gegenstände in Ihrer unmittelbaren Umgebung zu erinnern. Versuchen Sie, sich nicht nur an die Gegenstände zu erinnern, sondern auch an ihre Form, ihre Größe, ihre Materialen sowie an andere Dinge, an die Sie sich erinnern können. Damit haben Sie sich um Ihren Sehsinn gekümmert.

Machen Sie nun mit Ihrem Hörvermögen weiter. Versuchen Sie, fünf verschiedene Geräusche zu unterscheiden, die Sie gerade hören. Hören Sie Autos auf der Straße oder vielleicht Kinder, die draußen spielen, oder Musik? Seien Sie genau und präzise – um welche Art von Musik handelt es sich? Wie hören sich die Autos beim Vorbeifahren an?

Setzen Sie Ihren Tastsinn ein, indem Sie versuchen, fünf Dinge zu fühlen, wie Ihre Kleidung, Ihre Hände auf Ihrem Schoß oder Ihre Füße auf dem Boden.

Verweilen Sie mit Ihren aktivierten Sinnen im Moment. Mit dem Abschluss dieser Übung haben Sie hoffentlich Ihren Geist befreit und einige Spannungen gelöst.

4. Konzentrieren Sie Ihre Aufmerksamkeit nach außen

Sind Sie sich der Tatsache bewusst, dass Sie normalerweise Ihre ganze Aufmerksamkeit auf sich selbst richten, wenn Sie sich in einem sozialen Umfeld befinden? Das ist nicht gut für Ihre Angst. Anstatt sich Gedanken darüber zu machen, was andere über Sie denken oder wie Sie sich in Verlegenheit bringen werden, sollten Sie Ihre Aufmerksamkeit nach außen lenken. Sie könnten sich dazu entscheiden, die Musik im Flur zu hören oder auf die schönen Dekorationen um Sie herum oder noch besser auf die Menschen zu achten, die Sie sehen. Auf diese Weise werden Sie sich Ihrer Umgebung bewusster und achten weniger auf den Druck, den Sie auf sich selbst ausüben. Anfangs mag dies nicht einfach sein, doch mit etwas Übung werden Sie eine Verbesserung feststellen.

Verstehen Sie mich nicht falsch! Ich sage nicht, dass Ihre Angst auf zauberhafte Weise verschwinden wird. Ihre Gefühle der Angst werden immer noch da sein, doch sie werden weniger stark sein, weil Sie sie als Hintergrundgeräusche klassifizieren können. Auch wenn Sie anerkennen, dass diese Angstgefühle noch da sind, werden Sie ihnen keine Aufmerksamkeit schenken.

Wenn Sie Schwierigkeiten damit haben, in Ihrer Umgebung präsent und aktiv zu sein, lassen Sie sich einen Trick einfallen, um sich aus Ihren Gedanken zu befreien. Wenn Sie beispielsweise eine neue Person kennenlernen und Ihre Angst beginnt, sich aufzubauen, lösen Sie sich, indem Sie sich „Fokus" oder ein anderes Wort Ihrer Wahl sagen, das Sie daran erinnert, präsent zu bleiben.

In diesem Kapitel habe ich die verschiedenen Entspannungstechniken besprochen, mit denen Sie Angstzuständen in sozialen Situationen vorbeugen können. Im nächsten Kapitel werde ich über Menschen sprechen, die unbedingt anderen Menschen gefallen möchten, wie sich diese Gefallsucht auf Sie auswirken kann und wie Sie damit aufhören können.

KAPITEL 6:

Nicht mehr anderen Menschen gefallen wollen

Die sogenannte Gefallsucht kommt so häufig vor, dass man sie sogar mit Höflichkeit verwechseln könnte. Es kann sein, dass Sie sich denken: „Ich bin doch nur nett." Doch auf diese Weise werden Sie immer „Ja" sagen, wenn Sie eigentlich „Nein" meinen.

Ich kenne dieses Gefühl, weil ich diese Erfahrungen auch schon einmal gemacht habe, und glauben Sie mir, dies ist nicht schön. Wenn Sie es anderen Menschen unbedingt recht machen müssen, dann wissen Sie, dass diese Gefallsucht Ihnen Ihren Seelenfrieden rauben und auch zu Depressionen und Angstzuständen beitragen kann.

Wenn Sie gefallsüchtig sind, dann kommt Ihnen die obige Beschreibung sicherlich bekannt vor. Es gibt jedoch noch viele andere Anzeichen für Gefallsucht. Schauen wir uns einige davon an.

Leide ich an der Sucht, anderen gefallen zu wollen?

Ich weiß, dass dies die Frage ist, die Sie sich gerade stellen. Die nächsten Sätze werden diese Frage für Sie beantworten. Es könnte sein, dass Sie an Gefallsucht leiden und es gar nicht wissen. Wie ich bereits erwähnt habe, könnten Sie Ihre Gefallsucht mit Freundlichkeit oder Höflichkeit verwechseln.

Hier sind einige allgemeine Gewohnheiten, die darauf hindeuten, dass Sie an Gefallsucht leiden:

- Es fällt Ihnen schwer, „Nein" zu sagen.

- Es fällt Ihnen schwer, Ihre Meinung zu äußern und sich zu behaupten.
- Sie reagieren sehr empfindlich auf die wahrgenommene Ablehnung durch andere, auch wenn diese nicht vorhanden ist.
- Sie haben Angst vor negativen Emotionen.
- Sie sind übertrieben altruistisch oder philanthropisch.
- Sie lassen zu, dass Sie zugunsten anderer leiden.
- Ihnen fehlen persönliche Grenzen.
- Beziehungen machen Sie emotional abhängig.
- Sie leben von der Zustimmung anderer Menschen und wollen diese immerzu haben.
- Sie wollen unbedingt von allen gemocht werden.
- Sie hassen Kritik, und wenn Sie kritisiert werden, geht es Ihnen tagelang schlecht.
- Sie haben ein geringes Selbstwertgefühl und ein geringes Selbstvertrauen.
- Sie sind sich immerzu bewusst, was andere Menschen über Sie denken, und Sie lassen zu, dass dies Ihre Handlungen beeinflusst.
- Sie können sich leicht in missliche Lagen anderer Menschen hineinversetzen und fühlen sich dann oftmals selbst schlecht.
- Sie möchten immer glauben, dass andere Menschen fair sind, auch wenn klar ist, dass sie Sie ausnutzen.
- Sie befürchten, Sie könnten die Kontrolle über sich selbst verlieren.
- Sie helfen allen Menschen, denen Sie begegnen, auch wenn Sie sie nicht mögen.
- Sie bitten kaum um Hilfe bzw. nehmen kaum Hilfe von anderen Menschen in Anspruch.
- Sie entschuldigen sich ständig, auch wenn Sie nichts falsch gemacht haben.
- Sie ziehen leicht Menschen an, die Trost brauchen.

- Sie haben ständig Angst, die Gefühle anderer Menschen zu verletzen.
- Sie loben sich selbst für nichts.
- Sie glauben, dass Sie weniger wert sind als andere Menschen.
- Sie stimmen anderen Menschen zu, auch wenn das, was sie sagen, gegen Ihre persönlichen Überzeugungen verstößt.
- Sie vermeiden es, anderen zu sagen, dass sie Ihre Gefühle verletzt haben.

Was ist der Grund dafür?

Es gibt keine einzige eindeutige Ursache für Gefallsucht. Der Zustand beruht auf einer Kombination mehrerer Faktoren, wie z. B.:

- Vergangene Traumata:

Wenn Sie zuvor ein Trauma erlitten haben, können Sie bestimmte Ängste im Zusammenhang mit diesem Trauma haben. Als Reaktion auf dieses Trauma könnte die Gefallsucht entstehen. Menschen, die Opfer von Missbrauch geworden sind, können aufgrund dieser Erfahrung ihr Selbstwertgefühl oder ihre Grenzen verlieren.

- Ein geringes Selbstwertgefühl:

Die Botschaften, die Sie von Menschen in Ihrer Umgebung erhalten haben, als Sie aufgewachsen sind, können Ihr Selbstwertgefühl stark beeinträchtigen. Wenn Ihr Selbstwertgefühl gering ist, bitten Sie ständig um Zustimmung und könnten während dieses Prozesses zu einem gefallsüchtigen Menschen werden.

- Angst vor Ablehnung:

Wenn Sie in der Vergangenheit von anderen Menschen abgelehnt wurden, haben Sie möglicherweise das Gefühl, dass Sie nicht gut genug sind, und denken, dass andere Personen Sie wahrscheinlich auch ablehnen werden. Auf diese Weise können Sie eine Gefallsucht entwickeln, um eine erneute Ablehnung zu vermeiden.

Wie wirkt sich die Gefallsucht auf Sie aus?

Sie sagen sich vielleicht: „Ich bin doch nur nett, ... vielleicht ein bisschen zu viel, aber wie sollte sich das negativ auf mich auswirken?" In vielerlei Hinsicht. Lassen Sie mich diese Aussage weiter erläutern.

1. Sie unterdrücken Ihre Gefühle

Wenn Sie die Zustimmung der Menschen in Ihrer Umgebung suchen, werden Sie nichts sagen, was Ihre Chancen auf Zustimmung ruinieren könnte, sodass Sie möglicherweise Ihre wahren Gefühle verheimlichen. Diese verheimlichten Emotionen können negative Gefühle wie Wut, Bitterkeit, Trauer und Angst auslösen. Wenn Sie weiterhin Ihre Emotionen unterdrücken, stehen Sie entweder vor einem physischen oder psychischen Zusammenbruch oder sogar vor einer Kombination aus beidem.

2. Sie üben extremen Druck auf sich selbst aus

Sobald Sie mit dieser Verhaltensweise begonnen haben, müssen Sie sie fortsetzen. Dies bezeichnet man als „den Schein wahren". Als Sie bei bestimmten Anfrage nicht mit „Nein" antworten konnten (auch wenn es Ihnen bereits zu viel war), dachten Sie immer noch, dass Sie lediglich nett gewesen waren. Doch jetzt können Sie immer noch nicht „Nein" sagen, was dazu führt, dass Sie unter einem immensen Druck leiden, weil Sie das perfekte Bild, das Sie von sich selbst erschaffen haben, beibehalten möchten.

Was bekommen Sie, wenn Sie Schwierigkeiten damit haben, den Schein zu wahren? Stress, Stress und noch mehr Stress. Sie denken vielleicht, dass Sie sich dadurch gut fühlen werden, weil Sie anderen Menschen einen Gefallen tun, doch dies geht zu Lasten Ihres Wohlbefindens. Es ist, als würde man zu lange eine Maske tragen, um die Zustimmung anderer zu erhalten, selbst wenn diese Maske einen erstickt.

3. Andere Menschen werden Sie ausnutzen

Sie wissen es vielleicht noch nicht, doch es gibt viele schlechte Leute auf der Welt, die sich unter Ihren Freunden, Familienangehörigen und Bekannten verstecken. Wir bezeichnen solche Menschen als Narzissten, Mobber, Neinsager, Energievampire etc. Wenn Sie anderen Menschen gefallen wollen, dann sind Sie ein leichtes Opfer für diese. Sie sind deswegen ein leichtes Opfer, weil Ihre Natur es Ihnen schwer macht, persönliche Grenzen zu setzen, und weil Sie einen unstillbaren Wunsch haben, es anderen recht zu machen. Solche Menschen kennen ebenfalls keine Grenzen dabei, Sie auszunutzen. Es ist sehr schwierig für Sie, aus einer solchen Situation herauszukommen, weil Ihr Leben von der Zustimmung anderer Menschen abhängt. Der toxische Kreislauf geht also einfach weiter.

4. Niemand kennt Ihre wahre Natur

Auf den ersten Blick mag dies als etwas Positives erscheinen: „Oh, das ist großartig, ich werde mysteriös und unbesiegbar sein." Bevor Sie sich aber darüber freuen, dass Sie mysteriös und unbesiegbar sein werden, wenn niemand Ihr wahres Ich kennt, sollten Sie Eines bedenken: Wenn niemand wirklich weiß, wer Sie sind, dann sind Sie einsam und allein. Vertrauen Sie mir. Das ist keine gute Sache, besonders dann nicht, wenn Sie unter einer Sozialphobie leiden.

Dies ist genau das, was Ihre Gefallsucht mit Ihnen macht. Als gefallsüchtiger Mensch werden Sie immer eine Rolle spielen und diese Rolle ist nicht Ihr wahres Ich. Ihre ursprüngliche Absicht für diese Rolle besteht darin, von anderen Menschen akzeptiert zu werden, doch schlussendlich distanzieren Sie sich lediglich von Ihren Mitmenschen. Und was ist das Endergebnis?

5. Sie können keine schönen Beziehungen zu anderen Menschen pflegen

In Beziehungen dreht sich alles um Geben und Nehmen. Aber bei gefallsüchtigen Menschen könnte man einige ihrer Beziehungen besser als „Geben und Geben" bezeichnen. Die Menschen, mit denen Sie in einer Beziehung stehen, sind nur aufgrund dessen, was Sie ihnen anbieten, in Ihrem Leben. Wie um alles in der Welt wollen Sie eine solche Beziehung genießen? Da Sie ein gefallsüchtiger Mensch sind, werden Sie alles still erleiden und lächeln, weil Sie die Zustimmung anderer Menschen wollen.

6. Ihre Freunde und Partner werden Sie als frustrierend empfinden

Menschen, die Ihnen nahe stehen, wie z. B. Ihr Ehepartner, bemerken möglicherweise, wie Sie unerklärliche Dinge tun, wie beispielsweise sich unablässig zu entschuldigen, und da sie Sie wirklich lieben, kann es sein, dass sie dieses Verhalten an Ihnen stört. Sie könnten zudem in die häufige Falle tappen, Ihre Zeit zu opfern, die eigentlich in Ihre Beziehungen fließen sollte, nur um anderen zu gefallen. In einigen Fällen können Sie auch die Menschen anlügen, die Sie lieben, nur weil Sie ihre Gefühle nicht verletzen möchten, was Ihre Mitmenschen irgendwann einmal herausfinden. Und so etwas endet normalerweise nicht gut.

Verschiedene Möglichkeiten, um Ihre Gefallsucht abzulegen

Ich kann fast schon hören, wie Sie sagen: „Ich habe schon genug gelesen. Zeigen Sie mir, wie ich meiner Gefallsucht ein Ende bereiten kann!"

1. Suchen Sie eine interne Validierung

Eine Person, die gefallsüchtig ist, sucht nach äußerlicher Zustimmung und Bestätigung. Wenn Sie das ändern können, indem Sie eine interne Validierung suchen, haben Sie die halbe Miete. Doch wie können Sie sich intern validieren? Indem Sie darauf aufbauen, was Sie glücklich macht. Wenn Sie selbst glücklich sind, müssen Sie sich dafür nicht mehr an andere Menschen wenden. Um Ihre Gefallsucht zu bekämpfen, investieren Sie Ihre Zeit lieber in die Dinge, die Sie mögen. Wenn Sie sich bereits gut fühlen, brauchen

Sie dann noch andere Menschen, damit Sie sich gut fühlen? Nehmen Sie an Aktivitäten teil, bei denen Sie sich großartig fühlen. Wenn Sie gerne feiern, besuchen Sie auf jeden Fall oft Partys. Wenn Sie Gartenarbeit lieben, legen Sie einen Garten an und kümmern sich um Ihre Pflanzen. Tun Sie einfach die Dinge, die Ihnen ein gutes Gefühl geben. Wann immer Sie sich nach externer Validierung sehnen, sollten Sie sich daran erinnern, dass Sie selbst auch viel zu bieten haben.

2. Beginnen Sie mit kleinen Schritten

Als Sie noch klein waren, standen Sie auch nicht eines Tages auf und rannten durch das Wohnzimmer, oder? Sie haben auch mit Ihren ersten ein oder zwei Schritten begonnen. Dasselbe gilt, wenn Sie Ihre Gefallsucht überwinden wollen. Versuchen Sie nicht, auf die Bremse zu treten und gleich am ersten Tag alles über Bord zu werfen. Wenn Sie dies tun, werden Sie sich viele Feinde machen. Versuchen Sie also, anstatt plötzlich alle Bitten und Anfragen abzulehnen (bei denen Sie zuvor immer „Ja" gesagt haben), immer noch „Ja" zu sagen, jedoch nicht mehr bei allen Anfragen. Wenn zum Beispiel ein Freund Sie gerade zu einem sehr ungünstigen Zeitpunkt zu einer Party eingeladen hat, können Sie auf diese Party gehen, ein paar Minuten bleiben und dann wieder nach Hause gehen.

3. Geben Sie sich Zeit

Bisher war Ihre übliche Antwort auf Anfragen ein impulsives „Ja", über das Sie nicht viel nachgedacht haben. Versuchen Sie, das zu ändern, indem Sie sich Zeit lassen. Anstatt Anfragen sofort zu beantworten, sagen Sie einen Satz, der Ihnen ein wenig Zeit verschafft, um darüber nachzudenken, und entscheiden Sie dann, ob Sie dieser Anfrage nachkommen können. Sie können sich eine Standardantwort zurechtlegen, wie zum Beispiel: „Ich sage dir später Bescheid" oder „Ich schaue in meinen Kalender" oder „Ich möchte vorher kurz mit meiner Frau sprechen". Suchen Sie nach einiger Zeit nach einer Möglichkeit, um höflich „Nein" zu solchen Anfragen zu sagen, denen Sie nicht nachkommen möchten. Wenn es Ihnen schwer fällt, Ihrem Gegenüber persönlich abzusagen, dann können Sie dies auch per E-Mail oder SMS tun.

Zwei Erkenntnisse, die Ihnen dabei helfen können, ohne ein schlechtes Gewissen „Nein" zu sagen, sind:

- Sie sind nicht verantwortlich für das Glück und die Annehmlichkeiten der Menschen in Ihrem Umfeld. Diese sind selbst verantwortlich für ihr Leben und Sie sind verantwortlich für Ihres.
- Von Ihnen wird erwartet, dass Sie sich zuerst um sich selbst kümmern, bevor Sie sich um andere kümmern. Wenn Sie also etwas tun sollen, das auf Ihre Kosten geht, dann ist das nicht in Ordnung.

4. Kennen Sie Ihre Prinzipien, Prioritäten und Grenzen und stehen Sie dazu

Ein Mensch ohne Prinzipien, Prioritäten und Grenzen ist ein leichtes Opfer. Eine solche Person wird alles machen, was man ihr sagt, weil sie keine eigenen Prinzipien hat. Und wenn Ihnen Grenzen fehlen, kann es passieren, dass andere Menschen Sie ausnutzen. Stellen Sie sicher, dass Sie Ihre Prinzipien, Prioritäten und Grenzen kennen, und stellen Sie vor allem sicher, dass die Menschen um Sie herum diese Prinzipien und Grenzen ebenfalls kennen.

5. Entfernen Sie giftige Personen aus Ihrem Leben

Umgeben Sie sich mit Menschen, die Ihnen ein gutes Gefühl geben, auch ohne etwas von Ihnen zu wollen. Ich weiß, wie schwierig es ist, toxische Menschen aus Ihrem Leben zu entfernen. Die meisten von ihnen sind eng mit Ihrer Familie, Ihrem Freundeskreis oder Ihrer Karriere verbunden. In diesen Fällen wird es schwieriger, solche toxischen Menschen aus Ihrem Leben zu verbannen, doch Sie können dies mit Hilfe der folgenden Schritte schaffen:

- Erwarten Sie zunächst nicht, dass diese Menschen sich ändern. Toxische Menschen haben komplexe eigene Probleme und Wünsche. Toxische Menschen glauben oft, dass sie Recht haben und dass andere sich irren. Werden Sie sich also dessen bewusst, dass Sie sich zwar wünschen können, solche Menschen zu verändern, aber Ihr Wunsch allein wird dies nicht bewirken können. Auch Ihre Bemühungen können solche Menschen nicht verändern. Sie können sich selbst verlieren, während Sie versuchen, solche Menschen vor sich selbst zu retten.
- Nachdem Sie erkannt haben, dass sich solche Menschen nicht ändern werden, ist es an der Zeit, einige Grenzen zu setzen, die Sie beibehalten müssen. Wenn Sie keine Grenzen setzen, werden Sie von toxischen Menschen extrem ausgenutzt werden. Nehmen Sie sich dazu ein wenig Zeit und denken Sie darüber nach, was Sie von Ihren Freunden, Kollegen, Familienangehörigen und Bekannten erwarten. Behalten Sie diese Gedanken im Hinterkopf oder notieren Sie sich diese Dinge bei Bedarf. Wenn Sie zu irgendeinem Zeitpunkt in Ihrer Interaktion mit toxischen Menschen das Gefühl haben, dass etwas nicht stimmt, überprüfen Sie Ihre Grenzen und seien Sie bereit dazu, Ihre Grenzen durchzusetzen, wenn sie verletzt werden.
- Lassen Sie sich nicht in Krisen verwickeln, die toxische Menschen absichtlich verursachen. Toxische Menschen können Krisen auslösen, damit sie Ihr Mitgefühl und Ihre Aufmerksamkeit erhalten. Sie mögen zwar das Gefühl bekommen, ein barmherziger Samariter zu sein, doch Sie erlauben es sich auch, toxische Energie aufzunehmen. Wenn toxische Menschen Theater machen und erwarten, dass Sie sich einmischen, obwohl es kein echter Notfall ist, dann bedenken Sie dies stets.
- Kennen Sie Ihre Schwächen und Komplexe, damit toxische Menschen diese nicht gegen Sie einsetzen können. Toxische Menschen suchen nach Schwächen und nutzen sie aus. Zum Beispiel könnte es sein, dass ein toxischer

Mensch bemerkt, dass Sie jemand sind, der andere Menschen nicht leiden sehen kann. Aus diesem Grund tun sie so, als würden sie fast sterben, wenn Sie ihnen einen Gefallen tun sollen. Doch wenn Sie erkannt haben, dass dies Ihr Schwachpunkt ist, werden Sie leicht bemerken, wenn Leute versuchen, Sie auszunutzen.

- Seien Sie sich der Tatsache bewusst, dass toxische Menschen hartnäckig sein können, um ihre Taktik durchzusetzen. Wenn Sie schon einmal eine toxische Person in Ihrem Leben hatten, wissen Sie, dass diese leicht Wutanfälle bekommen kann, wenn sie sich ignoriert fühlt. Wenn ein solcher Mensch spürt, dass Sie eine Widerstandsfähigkeit gegenüber seiner Taktik entwickeln, kann er seine Anstrengungen verstärken und Sie könnten versucht sein, nachzugeben. Seien Sie sich stattdessen bewusst, dass es normal ist, dass sich solche Menschen so verhalten. Fahren Sie mit Ihrer Abwehrtaktik fort und wenn die toxische Person sieht, dass sie Sie nicht mehr kontrollieren kann, verschwindet sie aus Ihrem Leben und sucht sich jemand anderen, den sie ausnutzen kann. Jetzt können Sie sich selbst gratulieren und sich darüber freuen, dass diese toxische Person nicht mehr in Ihrem Leben ist.

6. Hören Sie auf, sich zu entschuldigen

Es ist nicht schlecht, sich zu entschuldigen, wenn Sie im Unrecht sind. Es ist jedoch schlecht, wenn es zu Ihrer zweiten Natur wird, sich ständig zu entschuldigen, auch wenn Sie nicht im Unrecht sind.

Wenn Sie für etwas verantwortlich sind und sich dafür ehrlich entschuldigen, ist daran nichts auszusetzen. Doch wenn Sie sich dennoch stets entschuldigen, auch wenn klar ist, dass Sie keine Schuld tragen, dann ist das falsch und Sie müssen damit aufhören, sobald Sie mit dem Lesen dieses Buches fertig sind.

Lassen Sie mich Ihnen eine Geschichte erzählen. Ich habe mich früher ebenfalls ziemlich oft entschuldigt, auch wenn ich keine

Schuld hatte. Vor einiger Zeit bat mich mein Chef darum, eine Bestellung für das Mittagessen in der Firma aufzugeben. Ich tat es sofort und hielt mich an seine Anweisung, dass das Essen „glutenfrei" sein sollte. Doch als die Bestellung kam, stellte sich heraus, dass das Restaurant einen Fehler gemacht hatte. Dies war nicht meine Schuld, weil ich mir sicher war, was ich bestellt hatte, und meine korrekte Bestellung sogar deutlich auf der Quittung vermerkt war. Ich fühlte mich dennoch schlecht, weil einige Kollegen ihr Mittagessen nicht essen konnten. Am Ende entschuldigte ich mich bei jedem einzelnen Kollegen, als ob ich daran Schuld gehabt hätte.

Sie können nun entgegnen: „Sie haben sich entschuldigt, was ist so schlimm daran?" Die Wahrheit ist, dass Sie, wenn Sie sich für etwas entschuldigen, indirekt die Schuld akzeptieren und Druck auf sich selbst ausüben. Irgendwo tief in Ihrem Inneren wird Ihre Stimmung von etwas beeinflusst, an dem Sie unschuldig sind.

Szenarien wie diese zeigen, wie zerbrechlich gefallsüchtige Menschen sein können. Doch ich habe dies schon lange hinter mir gelassen und weiß, dass Sie ebenfalls bereit dazu sein werden, diese Verhaltensweise abzulegen, wenn Sie dieses Kapitel abgeschlossen haben.

Hier sind nützliche Tipps, die Ihnen dabei helfen können, sich nur dann zu entschuldigen, wenn es wirklich notwendig ist:

Bewerten Sie die Situation und entschuldigen Sie sich nicht vorschnell. Nehmen Sie sich kurz Zeit, um die Situation zu bewerten und einzuschätzen. Fragen Sie sich: „Bin ich dafür verantwortlich?" oder „Gibt es etwas, das ich anders hätte machen können, um dies zu vermeiden?" Wenn Ihre Antwort auf diese beiden Fragen ein klares „Nein" ist, nehmen Sie bitte nicht die Schuld auf sich und entschuldigen Sie sich nicht.

Abschließend ist es auch wichtig, dass ich Ihnen Folgendes sage: Auch wenn Sie versuchen, es anderen Menschen nicht mehr recht machen zu wollen, so heißt das nicht, dass Sie sich in ein kaltherziges Monster verwandeln sollten. Wir brauchen hier und da noch einen Hauch von Menschlichkeit. Sie sollten wissen, wo der Unterschied zwischen nett und gefallsüchtig liegt.

Wenn Sie es anderen Menschen recht machen wollen, nur um sich anerkannt zu fühlen oder um Ihre Meinung nicht äußern zu müssen, schaden Sie nur Ihrem Selbstwertgefühl, was dazu führt, dass Sie in sozialen Situationen ängstlicher sind. In diesem Kapitel habe ich Ihnen erklärt, was es bedeutet, anderen Menschen gefallen zu wollen, wie diese Verhaltensweise Ihr Leben beeinflusst und wie Sie damit aufhören können, gefallsüchtig zu sein. Im nächsten Kapitel werde ich über das Thema Schüchternheit sprechen. Warum sind Menschen schüchtern, wie kann Ihre Schüchternheit Sie beeinflussen und wie können Sie Ihre Schüchternheit überwinden?

KAPITEL 7:

Wie Sie Ihre Schüchternheit überwinden

Wir alle sind hin und wieder einmal schüchtern. Das ist ganz normal. Wenn Sie trotz Ihrer Schüchternheit immer noch Sie selbst sein können, dann ist das kein Problem. Bei bestimmten Personen ist dies jedoch nicht der Fall. Diese Menschen mit extremen Schüchternheitsproblemen sind aufgrund der großen Besorgnis, die sie empfinden, wenn sie in der Nähe von Menschen sind, stets handlungsunfähig. Sie können nicht inmitten von Menschen sein, ohne sich sehr unwohl zu fühlen. Man nimmt an, dass ein geringes Selbstwertgefühls der Grund dafür ist. Ihre Schüchternheit wird durch Ihre Angst vor dem, was andere über Sie denken, angeheizt. Da Sie sich zu viele Sorgen darum machen, was die Leute über Sie denken, haben Sie Angst davor, gedemütigt, abgelehnt oder kritisiert zu werden. Um die Möglichkeit eines solchen Ereignisses zu vermeiden, vermeiden schüchterne Menschen sämtliche soziale Situationen.

Ein solches Verhalten kann bei Menschen mit einer sozialen Angststörung noch stärker ausgeprägt sein. Diese extreme Schüchternheit löst alle Symptome aus, die wir weiter oben in diesem Buch besprochen haben. Wir Menschen sind Herdentiere, was bedeutet, dass wir nur in der Gegenwart anderer Menschen überleben können. Wenn Sie also zulassen, dass Sie aufgrund Ihrer Schüchternheit Menschen aus dem Weg gehen, müssen Sie etwas dagegen tun.

Einige Fakten zur Schüchternheit

- **Schüchternheit hängt vom Alter ab**, was bedeutet, dass Sie als Kind schüchtern sein können. Aber wenn Sie erwachsen werden und neue Dinge erleben, wachsen Sie über Ihre Schüchternheit hinaus.

- **Schüchternheit kann kommen und gehen**. Sie können mal mehr und mal weniger schüchtern sein, je nachdem, was zu dieser Zeit in Ihrem Leben vor sich geht. Wenn Sie sich in einer Phase Ihres Lebens befinden, in der Sie Probleme mit Ihrem Selbstvertrauen haben, dann sind Sie wahrscheinlich schüchterner. Wenn Sie jedoch Ihr Selbstvertrauen zurückgewinnen, legen Sie auch Ihre Schüchternheit wieder ab.

- **Schüchternheit ist eng mit dem Selbstbewusstsein verbunden**. Menschen mit geringerem Selbstbewusstsein sind eher schüchtern. Schüchternheit ist auch eng mit Angst verbunden. Menschen, die in ihrer Kindheit Angst hatten, werden eher schüchterne Erwachsene.

Was verursacht Schüchternheit?

Genauso wie bei der Gefallsucht gibt es auch nicht nur einen Grund für Schüchternheit. Schüchternheit wird vielmehr durch eine Kombination verschiedener Faktoren verursacht.

Eine Tatsache, die wir sicher wissen, ist die, dass es kein Gen für Schüchternheit gibt. Schüchternheit ist nicht erblich bedingt, Sie haben es weder von Ihren Eltern noch von jemandem in Ihrer Familie. Die Einflussfaktoren, die bestimmen, ob Sie schüchtern werden oder nicht, liegen also in der Umwelt. Wenn Sie als Kind zu streng behandelt wurden, wenn Sie sich selbst falsch wahrnehmen oder wenn Sie Phasen in Ihrem Leben überstehen müssen, die für Sie schwierig zu bewältigen sind, z. B. wenn Sie einen neuen Job annehmen, auf eine neue Schule kommen oder sich scheiden lassen, dann kann es sein, dass Sie eine ausgeprägte Schüchternheit entwickeln.

Schauen wir uns einige Faktoren an, die zur Schüchternheit beitragen können:

Bevor Sie Schüchternheit effektiv heilen können, müssen Sie den Ursprung verstehen. Zum Beispiel könnte etwas in Ihrer Vergangenheit passiert sein, das Ihr Selbstbild verletzt und dazu geführt hat, dass Sie schüchtern wurden. Ein weiterer Grund könnte eine schädliche persönliche Überzeugung sein, die Sie über sich selbst haben. Wenn es Ihnen gelingt, die Ursache zu identifizieren, ist das schon die halbe Miete.

Nehmen wir uns deshalb etwas Zeit, um die mögliche Ursache Ihrer Schüchternheit zu untersuchen. Diese könnten sein:

- **Mangel an Selbstvertrauen:** Wenn Ihr Selbstwertgefühl gering ist, stehen Sie sich selbst übermäßig kritisch gegenüber und glauben daher, dass die Menschen Sie so sehen, wie Sie sich selbst sehen. Um sich vor ihrer negativen Bewertung zu schützen, werden Sie schüchtern.

- **Minderwertigkeitskomplexe:** Wenn Sie sich als die minderwertigste Person im Raum fühlen, werden Sie sich nur sehr ungern äußern oder ausdrücken, weil Sie sich eingeredet haben, dass Sie nichts zu bieten haben.

- **Perfektionismus:** Wenn Sie ein extremer Perfektionist sind, werden Sie immer perfekte Dinge sagen und tun wollen. Und weil Sie überhaupt keine Fehler machen wollen, werden Sie sich einfach dafür entscheiden, allein zu bleiben, wodurch Sie schüchtern werden.

- **Mangel an sozialen Fähigkeiten:** Wir haben das Thema soziale Fähigkeiten im Rahmen der schulischen Ausbildung bereits beleuchtet. Viele Menschen durchlaufen ihre Schulzeit, ohne diese sozialen Fähigkeiten zu erlernen. Wenn Ihnen soziale Fähigkeiten fehlen, sind Sie gehemmt. Und da Sie nicht wissen, wie Sie mit anderen Menschen in Kontakt treten sollen, werden Sie am Ende für sich bleiben und schüchtern sein.

- **Fehlerhaftes Selbstbild:** Wenn Sie erniedrigende Gedanken in Bezug auf sich selbst haben, werden Sie schüchtern, weil ein schlechtes Selbstbild zur Selbsthemmung führt.

- **Übermäßige Angst vor Menschen:** Wenn Sie missbraucht wurden oder aus einer dysfunktionalen Familie stammen, haben Sie möglicherweise Angst vor Menschen, was Sie schüchtern machen kann.

Auswirkungen von Schüchternheit

1. Ihre Schüchternheit kann Ihre Lernfortschritte im akademischen Umfeld verlangsamen

Wenn Sie Student sind oder waren, dann wissen Sie, dass eine wichtige Voraussetzung für den Erfolg an Universitäten darin besteht, mit anderen Menschen zu interagieren und an Gruppenaufgaben teilzunehmen. Ihre Schüchternheit kann diese Fähigkeit behindern und Ihre Leistungsfähigkeit und Ihre Noten verschlechtern. Dies kann sogar Ihr Selbstvertrauen beeinträchtigen und dazu führen, dass Sie schlechtere Leistungen erbringen als sonst.

2. Ihre Schüchternheit beeinträchtigt Ihre Karriere

Der Arbeitsmarkt ist heutzutage sehr umkämpft und nur die Starken überleben. Wenn Sie schüchtern sind, können Sie möglicherweise keinen guten Job finden, weil Sie sich im Vorstellungsgespräch zurückhalten und kein Unternehmen danach strebt, seine Belegschaft zu schwächen. Nehmen wir an, Sie werden dennoch angenommen. Durch Ihre Schüchternheit werden Sie keine guten Präsentationen halten können, die Ihnen die Zustimmung Ihres Chefs einbringen. Sie werden nicht dazu in der

Lage sein, sich in Besprechungen zu äußern, und Sie werden es nicht schaffen, Ihrem Chef zu zeigen, dass Sie eine Beförderung verdient haben.

3. Schwierigkeiten beim Aufbau von Beziehungen

Extreme Schüchternheit kann Sie zu einem Einzelgänger machen. Da Sie meistens dann schüchtern sind, wenn Sie mit anderen Menschen zusammen sind, möchten Sie vielleicht lieber allein sein. Auf diese Weise werden Sie keine guten Freunde finden, mit denen Sie Dinge teilen können.

Möglichkeiten, Schüchternheit zu überwinden

Ich denke, dass Sie nun genügend Gründe erfahren haben, warum Sie Ihre Schüchternheit überwinden sollten. Wenn nicht, lassen Sie es mich noch einmal zusammenfassen. Kurz gesagt, Ihre Schüchternheit kann Sie davon abhalten, Dinge zu tun, die für Sie von Vorteil sein können. Schüchternheit kann auch Stress und Ängste auslösen, besonders wenn Sie mit anderen Menschen interagieren müssen.

Doch ich habe gute Nachrichten für Sie. Die erste gute Nachricht ist die, dass Sie nicht allein sind. Von zehn Menschen sagen vier, dass sie schüchtern sind.

Die zweite gute Nachricht, die ich für Sie habe, besteht darin, dass Sie Ihre Schüchternheit überwinden können, und zwar unabhängig davon, für wie schüchtern Sie sich selbst halten. Sie benötigen lediglich ein wenig Zeit und Mühe und schon werden Sie sehen, wie Sie sich aus dem Griff der Schüchternheit befreien können.

Ich habe einige Techniken für Sie zusammengestellt, die Sie im Kampf gegen Ihre Schüchternheit anwenden können. Dies sind Techniken, die sich bei unzähligen Menschen vor Ihnen als wirksam erwiesen haben. Wenn Sie diese Techniken diszipliniert und genau befolgen, werden Sie in kürzester Zeit Ergebnisse sehen.

- Planen Sie voraus:

Sie können planen, indem Sie zuerst die Auslöser für Ihre Schüchternheit identifizieren. Sie sollten die Situationen kennen, in denen Sie schüchtern werden. Erstellen Sie für genau diese Situationen Pläne, indem Sie sie vorausahnen. Entscheiden Sie, was zu tun ist, wenn sich die Situation ergibt. Wenn möglich, schreiben Sie Ihre Schritte auf. Die meisten Menschen sind schüchtern, wenn sie eine Rede vor Publikum halten müssen, während andere Menschen andere spezifischere Auslöser für ihre Schüchternheit haben, wie z. B. eine andere Person, ein Lied oder einen Veranstaltungsort. Stellen Sie sicher, dass Sie Ihre Auslöser kennen, und planen Sie sie ein.

- Seien Sie neugierig und informieren Sie sich:

Wenn Sie eine bevorstehende Veranstaltung haben, bei der Sie wahrscheinlich neue Leute kennenlernen werden, sollten Sie sich mit einigen Gesprächsthemen ausrüsten. Merken Sie sich, was gerade in der Technologie, in der Politik, in der Wirtschaft oder in der Welt der Unterhaltung passiert. Suchen Sie in den sozialen Medien nach den Trendthemen und merken Sie sich einige dieser aktuellen Trends. Auf diese Weise haben Sie etwas zu sagen. Und wenn Sie etwas sagen, das Hand und Fuß hat und das die Leute toll finden, werden Sie sich gut dabei fühlen, wenn Sie sich weiter mit anderen Menschen unterhalten. Denken Sie daran, cool zu bleiben. Andere Menschen wissen nicht, dass Sie schüchtern sind, und Sie müssen sie es nicht wissen lassen. Denken Sie dabei daran, dass Sie sie nicht mit dem, was Sie wissen, beeindrucken sollen. Sie mischen sich einfach unter die Menge und führen gute Gespräche.

- Seien Sie nett zu sich selbst:

Die meisten mentalen Herausforderungen wie Schüchternheit kann man nicht einfach so im Handumdrehen loswerden. Es erfordert viel Zeit und Mühe, damit diese mentalen Herausforderungen verschwinden. Wenn Sie an Ihrer Schüchternheit arbeiten und keine drastischen Verbesserungen feststellen, dann sollten Sie nett zu sich selbst sein. Wichtig ist, dass Sie sich anstrengen und Fortschritte machen, auch wenn Sie diese vielleicht noch nicht bemerken. Konzentrieren Sie sich nicht zu sehr auf Ihre Geschwindigkeit, sondern konzentrieren Sie sich nur auf Ihre Anstrengungen, egal wie geringfügig diese auch sein mögen.

- Seien Sie zuversichtlich und handeln Sie zuversichtlich:

Immer wenn wir uns einer neuen Aufgabe widmen, ist unser Selbstvertrauen zunächst gering, doch je mehr wir üben, desto stärker wird unser Selbstvertrauen. Es ist so, als würden Sie lernen, wie man Auto oder Fahrrad fährt. Dasselbe gilt für Ihre Beziehungen zu anderen Menschen. Sie sind schüchtern, weil Ihnen das Selbstvertrauen fehlt. Aber was wäre, wenn Sie lernen können, selbstbewusst zu sein ... indem Sie selbstbewusst sind? Wenn Sie damit beginnen, selbstbewusst zu sprechen und selbstbewusst zu handeln, werden Sie feststellen, dass es sich gut anfühlt und Sie werden im Laufe der Zeit immer selbstbewusster. Wenn Sie schüchtern und ängstlich sind, ist die Angst nicht das Problem. Das eigentliche Problem ist, dass Sie soziale Interaktionen vermeiden. Wenn Sie selbstsicher genug sein können, um diese sozialen Situationen nicht mehr zu vermeiden, dann wird Ihre Angst verschwinden.

- Engagieren Sie sich stärker:

Denken Sie daran, dass Sie umso schüchterner sind, je mehr Menschen sich in Ihrer Nähe befinden. Sie können sich zwar mit einer einzigen Person unterhalten, doch Sie würden niemals mit einer ganzen Gruppe sprechen. Warum also nicht mit kleineren Gesprächen anfangen und sich dann steigern? Initiieren Sie dazu kleine Gespräche und führen Sie zufällige Unterhaltungen mit Fremden im Fitnessstudio, im Lebensmittelgeschäft, in der U-Bahn oder bei Gottesdiensten. Reden Sie einfach. Wenn Sie dies öfter tun, wächst Ihr Selbstvertrauen. Um noch mehr Verbesserungen zu erzielen, sprechen Sie mit Menschen, die Sie attraktiv finden, und fragen Sie sie nach einem Date. Wenn jemand

„Ja" zu Ihnen sagt, dann wird das Bild, das Sie von sich selbst haben, neu ausgerichtet. Wenn Sie ein „Nein" hören, dann schenken Sie diesem keine Aufmerksamkeit und machen weiter. Von den acht Milliarden Menschen auf der Erde wird nicht jeder Sie mögen. Doch mehr als die Hälfte schon. Verschwenden Sie also keine Energie. Gehen Sie einfach mehr aus und lernen Sie neue Leute kennen.

- Probieren Sie neue Dinge aus, auch wenn Sie damit noch nicht vertraut sind:

Vereine, Sportmannschaften und Kurse sind gute Orte, die Sie in Betracht ziehen können. Auf diese Weise können Sie neue Leute kennenlernen und mehr Kontakte knüpfen. Sie können auch in Betracht ziehen, Projekte zu starten, die Sie schon immer einmal machen wollten. Sie können sich entscheiden, eine neue Fertigkeit zu erlernen oder ein schwieriges Projekt durchzuführen. Verlassen Sie auf jeden Fall Ihre Komfortzone und gehen Sie unter Leute.

Sie fragen sich vielleicht, warum schwierige Aufgaben Ihre Schüchternheit lindern können. Wenn Sie eine schwierige Aufgabe annehmen und diese erfolgreich abschließen, dann fühlen Sie sich besser und Ihr Selbstvertrauen steigt. Um Ihre Schüchternheit zu beseitigen, müssen Sie Selbstvertrauen in den verschiedenen Aspekten Ihres Lebens entwickeln. Wenn Sie neue Aktivitäten ausprobieren, probieren Sie unbekannte Dinge aus. Damit besiegen Sie Ihre Angst, weil wir Menschen immer Angst vor dem Unbekannten haben.

- Kommen Sie mit anderen Menschen ins Gespräch:

Nach meiner Erfahrung ist die Angst, die wir als schüchterne Menschen empfinden, normalerweise dann am größten, wenn wir vor einer Gruppe von Menschen stehen und eine Rede halten müssen. Dies bezeichnen wir als „Lampenfieber", es ist aber eigentlich nur Schüchternheit in einem anderen Gewand. Um Ihrer Schüchternheit zu begegnen, empfehle ich, einen Rhetorikkurs zu besuchen. Nehmen Sie dort Ihre Reden und Präsentationen auf. Tun Sie das unbedingt, auch wenn Ihr Geist und Ihr Körper dagegen sind. Wenn Sie die Gelegenheit bekommen, vor einer Menschenmenge zu sprechen, dann nehmen Sie sie an! Haben Sie keine Angst davor, eine schlechte Leistung abzuliefern. Es könnte sein, dass Sie zu Beginn nicht sehr gut sind, doch im Laufe der Zeit wird Ihr Selbstvertrauen wachsen und Sie werden diese Herkulesaufgabe lösen. Auch wenn Sie mit Ihren Freunden und Kollegen zusammen sind, sollten Sie Ihre Meinung häufig äußern, sich in das Gespräch einmischen und versuchen, mehr zu sprechen. Als schüchterne Person kann das, was Sie als gesprächig betrachten, normal sein.

Ein Merkmal von selbstbewussten Menschen ist, dass es ihnen egal ist, ob die Menschen gutheißen, was sie zu sagen haben. Sie sagen es trotzdem, weil ihnen die Verbindung zu anderen Menschen wichtiger ist. Und oft stehen selbstbewusste Menschen zu dem, was sie zu sagen haben. Sie können diese Verhaltensweise nachahmen.

Zusätzlicher Hinweis zur Schüchternheit: Einige von Ihnen, die dieses Buch lesen, sind möglicherweise Eltern. Sie können Ihren Kindern dabei helfen, ihre Schüchternheit frühzeitig zu überwinden. Es gibt Hinweise darauf, dass Schüchternheit bereits zu einem frühen Zeitpunkt im Leben korrigiert werden kann. Leider hat dies weder zuhause noch in Schulen die höchste Priorität. Zuhause sind viele Eltern übervorsichtig und versuchen, ihre Kinder von sozialen Situationen fernzuhalten. In den Schulen hingegen konzentrieren sich die Lehrer mehr auf das Lesen und Schreiben und vergessen, den Kindern dabei zu helfen, die notwendigen sozialen Fähigkeiten zu entwickeln, um im Erwachsenenalter bessere Menschen zu sein. Bestimmte Kinder zeigen frühzeitig Anzeichen von Schüchternheit. Wenn Lehrer und Eltern solchen Kindern mehr Aufmerksamkeit schenken, ihre sozialen Fähigkeiten ausbilden und sie dazu ermutigen können, sich stärker auszudrücken und mehr mit anderen Kindern zu interagieren, dann können sie die drohende Schüchternheit verhindern.

Um Schüchternheit bei Ihren Kindern zu vermeiden, können Sie ihnen dabei helfen, die lebenswichtigen Fähigkeiten zu entwickeln, um sich in der Nähe von gleichaltrigen Kindern wohler zu fühlen. Diese Fähigkeiten umfassen:

- Ihren Kindern zeigen, wie man mit Veränderungen umgeht.
- Ihnen beibringen, wie sie mit ihrem Ärger umgehen können.
- Ihnen mit viel Humor und Mitgefühl begegnen.
- Ihnen beibringen, durchsetzungsfähig zu sein und eine eigene Stimme zu haben.
- Ihnen beibringen, wie man freundlich ist und anderen Menschen hilft.
- Ihnen beibringen, wie man Geheimnisse bewahrt, wenn es angebracht ist.

In diesem Kapitel habe ich Ihnen erklärt, wie Sie Ihre Schüchternheit überwinden und lernen können, mit anderen Menschen zu interagieren. Im nächsten Kapitel werde ich über soziales Selbstvertrauen, die Vorteile eines guten sozialen Selbstvertrauens sowie darüber sprechen, wie Sie Ihr soziales Selbstvertrauen aufbauen können.

KAPITEL 8:

So bauen Sie soziales Selbstvertrauen auf

Wir haben im Verlauf dieses Buches bereits viele Themen behandelt. Und nun fügen wir alle unsere Erkenntnisse zusammen. Wir haben über soziale Ängste gesprochen und wie Sie sich davon befreien können. Wir haben uns auch mit dem Thema Schüchternheit befasst und wie Sie diese überwinden können. Wir haben uns das Thema Gefallsucht angesehen und wie man sich davon löst, es allen Menschen recht machen zu wollen. Alle diese Themen zielen darauf ab, Ihnen dabei zu helfen, Ihre Schüchternheit und Ihre Ängste zu überwinden, die Sie erleben, wenn Sie sich in einem sozialen Umfeld befinden. Kurz gesagt haben wir versucht, Ihr soziales Selbstvertrauen aufzubauen, damit Sie nicht ängstlich, schüchtern oder angespannt sind, wenn Sie mit Ihren Mitmenschen interagieren.

Die Themen, die wir bisher besprochen haben, werden Ihr Sozialleben verbessern, indem Sie Ihr soziales Selbstvertrauen verbessern. In diesem Kapitel möchte ich Ihnen praktische Tipps geben, mit denen Sie weiter an Ihrem sozialen Selbstvertrauen arbeiten können.

Bevor ich Ihnen zeige, wie Sie Ihr soziales Selbstvertrauen aufbauen können, möchte ich Sie dazu motivieren, indem ich Ihnen zeige, was Sie gewinnen können.

Die Vorteile eines guten sozialen Selbstvertrauens

- Mehr Freunde, mehr Spaß:

Sozial eingeschränkte Menschen glauben manchmal gerne, dass nichts besser ist als der Komfort unseres Bettes, unseres Computers oder unserer Couch. Dieser Eindruck entspricht jedoch in keiner Weise den Tatsachen. Das Leben beginnt dort, wo die soziale Angst endet. Wenn Sie nicht nach draußen gehen, dann lernen Sie keine Menschen kennen und das ist traurig, weil Menschen das Leben lustiger und lebenswerter machen. Durch unsere Familien, Freunde und Kollegen macht das Leben mehr Spaß. Es erwartet Sie so viel Spaß, wenn Sie endlich Ihr soziales Selbstvertrauen zurückgewinnen.

- Erfolg in der Schule und im Beruf:

Schulen und Arbeitsumgebungen sind ebenfalls soziale Situationen. Und wenn Sie in anderen sozialen Situationen nicht sehr gut funktionieren können, wie können Sie dann im beruflichen oder schulischen Umfeld gute Leistungen erbringen? Die offensichtliche Antwort ist, dass Sie es nicht können. Um wirklich Fortschritte in der Schule oder in Ihrem Beruf zu machen, brauchen Sie ein gutes soziales Selbstvertrauen.

- Kontrolle über Ihre Schüchternheit:

Denken Sie an die letzte Party, an der Sie teilgenommen haben. Die Party, bei der Sie allein in der Ecke gesessen und gehofft haben, dass jemand vorbeikommt und „Hallo" sagt ... Warum ist das passiert? Ist es so, dass Sie diesen bestimmten Ort gerade als gemütlich empfunden haben oder hatten Sie einen bestimmten Grund, um auf der Party allein zu sein? Ich glaube, dass ich weiß, warum Sie sich für die von Ihnen gewählte Option entschieden haben. Sie fühlten sich einfach nicht selbstsicher genug, um Kontakte zu knüpfen. Wenn Sie ein gutes soziales Selbstvertrauen haben, wären Sie vielleicht der Mittelpunkt dieser Party gewesen.

Ein Mangel an sozialem Selbstvertrauen ist gleichbedeutend mit Schüchternheit und Sie haben gesehen, welche negativen Auswirkungen Schüchternheit auf Sie haben kann.

- Sie müssen anderen Menschen nicht mehr unbedingt gefallen:

Wir haben in diesem Buch über das Thema Gefallsucht gesprochen und ich glaube, dass Sie verstanden haben, welche schwächenden Auswirkungen diese auf Sie haben kann. Ich habe Ihnen erklärt, dass Ihre Gefallsucht von Ihrem inneren Wunsch herrührt, Bestätigung von anderen Menschen zu erhalten, und dass Sie diese Bestätigung oft suchen, weil Sie sich nicht selbstsicher fühlen. Doch wenn Sie soziales Selbstvertrauen entwickelt haben, ändert sich das alles. Sie müssen sich nicht mehr um die Bestätigung anderer Menschen bemühen.

Die obigen Punkte sind nur einige Beispiele dafür, was soziales Selbstvertrauen für Sie tun kann. Lassen Sie uns nun herausfinden, wie Sie diese wichtige Eigenschaft von Grund auf aufbauen können. Unabhängig davon, wie niedrig Ihr soziales Selbstvertrauen zuvor war, können die folgenden Schritte Ihnen den Einstieg erleichtern.

Möglichkeiten, um soziales Selbstvertrauen aufzubauen

Um ein gutes soziales Selbstvertrauen aufzubauen, müssen Sie verschiedene Aspekte Ihres Lebens ändern. Sie müssen selbstbewusst auftreten, Sie müssen Ihr Selbstvertrauen und Ihre sozialen Fähigkeiten verbessern und Sie müssen Selbstsicherheit und Selbstvertrauen praktizieren.

Wir teilen dieses Kapitel nun in diese drei Teile ein:

Selbstbewusst auftreten

1. Sich so akzeptieren, wie Sie sind

Zunächst einmal müssen Sie Ihre introvertierte Natur akzeptieren und lieben. Sich so zu akzeptieren, wie Sie sind, ist gut für Ihr Selbstbild. Ungeachtet dessen, wie schön gesellige Runden sein können, ist eine ruhige und entspannte Zeit für sich selbst dennoch von unschätzbarem Wert. Anstatt plötzlich zu hassen, wer Sie sind, und zu versuchen, ein anderer Mensch zu werden, sollten Sie lernen, die Person zu lieben, die Sie sind. Wenn Sie versuchen, diesen abrupten Wechsel vorzunehmen, kann dies zu noch mehr Stress und Angst führen. Ein besserer Weg, um den Übergang zu schaffen, besteht darin, sich auf die sozialen Situationen zu konzentrieren, mit denen Sie bereits vertraut sind. Konzentrieren Sie sich darauf, die Qualität der sozialen Interaktionen zu verbessern, die Sie haben. Wenn Sie gerne Brettspiele mit einer Gruppe enger Freunde spielen, konzentrieren Sie sich darauf, die Qualität der dort stattfindenden Konversation und Interaktion zu verbessern. Üben Sie in solchen Umgebungen, bevor Sie sich größeren Herausforderungen widmen.

2. Beseitigen Sie negative Überzeugungen und Gedanken

Sie sollten auch Gedankenmuster vermeiden, die Ihre Bemühungen zunichtemachen können. Vermeiden Sie Gedanken wie „Ich bin langweilig" oder „Ich gehöre nicht dazu" oder „Ich kann einfach keine Kontakte knüpfen". Diese Gedankenmuster, die tief in Ihrem Unterbewusstsein vergraben sind, werden Ihre Realität erschaffen. Stellen Sie sich zum Beispiel vor, Sie haben ein Date und sind so beschäftigt, sich selbst zu sagen, dass Sie langweilig sind und niemand Sie mag. Was passiert wohl als Nächstes? Sie sind tatsächlich langweilig. Sobald Sie glauben, dass Sie wirklich langweilig sind, werden Sie Ihr Date mit Sicherheit zu Tode langweilen.

Sobald Sie akzeptiert haben, dass Sie langweilig sind, werden Sie nach Beweisen suchen, die Ihre Überzeugung bestätigen. Selbst wenn diese Beweisstücke bedeutungslose Zufälle sind, werden Sie sie als klare Bestätigung Ihres Verdachts betrachten. Das Ergebnis? Noch mehr Druck, der auf Ihnen lastet. Versuchen Sie also immer, Ihren Geist vor solchen negativen Gedanken zu schützen.

3. Haben Sie realistische Erwartungen

Sie wissen das vielleicht schon, aber lassen Sie es mich noch einmal sagen. Nicht jeder wird Sie mögen und es kann passieren, dass Sie sich mit einigen Leuten nicht verstehen. Machen Sie sich also keinen Kopf, wenn Sie versucht haben, mit einer oder zwei Personen eine Beziehung zu knüpfen, und es nicht funktioniert hat. Sagen Sie sich, dass es eben nicht geklappt hat und dass das völlig normal ist. Wenn Sie also versuchen, ein Gespräch mit einem Fremden zu beginnen und dieser Sie ignoriert, dann liegt es nicht an Ihnen, sondern an Ihrem Gegenüber. Vergessen Sie die ganze Sache einfach. Pech für Ihr Gegenüber!

Um selbstbewusst zu wirken, müssen Sie nett zu sich selbst sein. Lassen Sie mich Ihnen ein paar Tricks zeigen, wie Sie das schaffen können.

✔ Nehmen Sie sich selbst nicht allzu ernst:

Einer der Hauptgründe für ein geringes soziales Selbstvertrauen ist zu viel Aufmerksamkeit auf unwichtige Dinge. Wenn Sie sich zu sehr darum kümmern, wie Sie aussehen, wie Sie sich anziehen oder wie Sie gehen, dann ist dies ein Hinweis darauf, dass Sie sich selbst zu ernst nehmen, und das endet meistens nicht gut. Wenn Sie ein Mensch sind, der sich zu sehr um die Meinungen anderer Menschen kümmert, dann sollten Sie sich einfach entspannen und erkennen, dass die Menschen ihre Meinung haben und dass Sie keine Kontrolle darüber haben.

Hören Sie auf, so streng mit sich selbst zu sein. Wir haben bereits festgestellt, dass man soziale Angststörungen entwickeln und schüchtern werden kann, wenn man zu streng zu sich selbst ist.

Dies kann sich zudem negativ auf Ihr soziales Selbstvertrauen auswirken. Seien Sie nicht zu streng zu sich selbst und lassen Sie ein wenig locker. Wenn Sie beispielsweise feststellen, dass Sie stets beurteilen, was Sie sagen, dann versuchen Sie Folgendes: Hören Sie auf damit, Ihre Wörter zu filtern, und reden Sie einfach. Oftmals haben Sie viele wichtige Dinge zu sagen und sprechen diese nicht aus, weil Sie einfach zu vorsichtig sind.

✔ Kümmern Sie sich nicht um unwichtige Dinge:

Versuchen Sie, sich nicht allzu sehr um Dinge zu kümmern, die irrelevant sind. Wenden Sie die Prinzipien an, über die wir im Kapitel über Gefallsucht gesprochen haben. Setzen Sie Ihre Prioritäten und halten Sie sie ein.

Verbesserung Ihres Selbstvertrauens und Ihrer sozialen Fähigkeiten

Wir haben zwei Segmente in diesem Abschnitt. Das erste Segment verbessert jeden Bereich Ihres Lebens und das andere verbessert Ihre sozialen Fähigkeiten.

Es ist ziemlich einfach, jeden Bereich Ihres Lebens zu verbessern. Seien Sie einfach die beste Version Ihrer selbst. Wenn Sie schon immer Ihren Bauch loswerden und einen durchtrainierten Körper bekommen wollten, dann gehen Sie ins Fitnessstudio und machen Sie sich an die Arbeit. Wenn Sie schon immer bei einer Ballettaufführung mitmachen und zu einer wunderschönen Symphonie tanzen wollten, melden Sie sich an und lernen Sie, wie man tanzt. Was auch immer Ihr Leben schöner macht, machen Sie es einfach. Die Idee ist, dass sich Ihr Selbstvertrauen auf natürliche Art und Weise verbessert, wenn Sie die beste Version von sich selbst geworden sind.

Schauen wir uns nun den anderen Aspekt an und verbessern Ihre sozialen Fähigkeiten.

Ich kann nicht genug betonen, dass Sie Ihre sozialen Fähigkeiten verbessern müssen. Freuen Sie sich nicht nur auf Interaktionen mit anderen Menschen, sondern nehmen Sie sich auch die Zeit, um sich darauf vorzubereiten. Einige soziale Fähigkeiten, die Sie entwickeln können, sind:

1. Wissen, wie man Interesse an Menschen zeigt

Wenn Sie die Fähigkeit beherrschen, Menschen das Gefühl zu geben, geliebt, geschätzt und gewollt zu sein, werden sie sich auf natürliche Art und Weise zu Ihnen hingezogen fühlen. Dies bezeichnet man als soziale Kompetenz, die ebenfalls Teil des sozialen Selbstvertrauens ist. Es gibt subtile nonverbale Signale, mit denen Sie Menschen das Gefühl geben können, wertgeschätzt zu sein. Einige dieser nonverbalen Signale sind:

- ✓ Augenkontakt halten und den richtigen Gesichtsausdruck haben.
- ✓ Aufrecht und mit breiter Brust stehen.
- ✓ Stets lächeln, um Ihren Mitmenschen zu zeigen, dass sie willkommen sind.
- ✓ Eine ruhige Körperhaltung einnehmen. Stellen Sie sicher, dass Sie nicht herumzappeln.
- ✓ Ihr Händedruck sollte fest sein.

2. Sprechen Sie klar und in einem angemessenen Tempo

Murmeln Sie nicht und sprechen Sie nicht allzu schnell. Seien Sie ruhig und versuchen Sie, mit einer Geschwindigkeit zu sprechen, die die Leute leicht verstehen können. Dies führt nicht nur zu einer effektiveren Kommunikation, sondern strahlt auch Selbstvertrauen aus. Wenn Sie zu irgendeinem Zeitpunkt in Ihrem Gespräch bemerken, dass Sie murmeln oder zu schnell sprechen, dann atmen Sie tief ein und versuchen es erneut. Zeigen Sie jedoch Ihren Mitmenschen nicht, dass Sie sich gerade selbst korrigiert haben.

3. Seien Sie ein guter Zuhörer

Menschen fühlen sich auf natürliche Weise zu solchen Personen hingezogen, die ihnen zuhören und sie verstehen können. Sie sind strategisch gut positioniert und finden viele Freunde, wenn Sie die Kunst des effektiven Zuhörens beherrschen. Hören Sie nicht nur zu, sondern hören Sie effektiv zu. Sie sollten versuchen, die bestmögliche Antwort zu finden. Um dies zu tun, müssen Sie Ihre Aufmerksamkeit auf Ihr Gegenüber lenken. Wenn Sie Ihre Aufmerksamkeit auf Ihr Gegenüber richten, passieren zwei Dinge: Erstens werden Sie entspannter und zweitens werden andere Menschen Sie mögen, weil sie merken, dass sie Ihnen wichtig sind.

Selbstsicherheit und soziales Selbstvertrauen üben

Es reicht nicht nur aus, die Theorien zur Verbesserung des sozialen Selbstvertrauens zu kennen, sondern Sie müssen sich selbst disziplinieren, um diese Theorien in Ihrem täglichen Leben anzuwenden. Schauen wir uns einige Schritte an, die Sie unternehmen können, um soziales Selbstvertrauen zu üben:

- Setzen Sie sich echten sozialen Situationen aus:

Unabhängig von der Anzahl der Tipps, die ich Ihnen gebe, um Ihr soziales Selbstvertrauen zu verbessern, kann sich Ihr Selbstvertrauen nur dann verbessern, wenn Sie es üben. Sie können dies tun, indem Sie sich realen sozialen Situationen aussetzen. Wenn Sie es versuchen, werden Sie selbstbewusster. Mit diesem zunehmenden Selbstvertrauen wird sich Ihre Angst verringern.

- Rollenspiele:

Wenn es für Sie schwierig ist, in sozialen Situationen zu agieren, können Sie mit einem Rollenspiel beginnen. Lassen Sie einen Freund die Rolle einer fremden Person übernehmen. Üben Sie mit ihm Ihre sozialen Fähigkeiten. Konzentrieren Sie sich darauf, zu lernen, wie Sie sich vorstellen, ein Gespräch beginnen und dieses Gespräch eine Weile lang aufrechterhalten.

- Kontakte knüpfen mit Hilfe eines Freundes:

Wenn Sie an Ihrer sozialen Selbstsicherheit arbeiten, dann sollten Sie in Betracht ziehen, mit einem Freund oder Verwandten auszugehen, mit dem Sie sich sehr wohl fühlen. Die Anwesenheit eines guten Freundes oder Verwandten kann Ihnen helfen, weil Sie dann nicht nur in Gesellschaft fremder Personen sind. Sie sind mit Ihrem guten Kumpel da, der Ihnen jederzeit den Rücken stärken wird.

Und das waren sie, die verschiedenen Schritte, die Sie unternehmen können, um Ihr soziales Vertrauen auf ein Niveau zu bringen, das Sie nie für möglich gehalten hätten.

In diesem Kapitel habe ich Ihnen verschiedene Tipps gegeben, mit denen Sie Ihr soziales Selbstvertrauen stärken können. Im nächsten Kapitel werden wir das Gelernte auf die nächste Stufe bringen, indem ich Ihnen zeige, wie Sie Ihr Selbstwertgefühl verbessern können.

KAPITEL 9:

Ihr Selbstbewusstsein verbessern

Es gibt nichts Wichtigeres als das, wie wir in Bezug auf uns selbst denken und fühlen. Eines der Dinge, die die meisten Menschen in unserer Gesellschaft nicht haben, ist eine hohe Meinung von sich selbst, das heißt, wer wir sind, was wir tun und wie sehr wir uns selbst lieben.

Mit anderen Worten: Das Selbstwertgefühl ist unsere Meinung in Bezug auf uns selbst und unsere Fähigkeiten. Diese Meinung kann niedrig, hoch oder irgendwo dazwischen sein. Ein geringes Selbstwertgefühl kann schädlich sein und dazu führen, dass Sie sich unmotiviert und unsicher fühlen. Die Gründe für Ihr geringes Selbstwertgefühl können variieren. Möglicherweise können Sie einige spezifische Dinge nennen, die sich auf Ihr Selbstbild auswirken (z. B. Mobbing), oder aber Sie wissen den Grund dafür nicht.

Ein geringes Selbstwertgefühl kann eine unglückliche, sich selbst erfüllende Prophezeiung sein, denn wenn man sich schlechter fühlt bei dem, was man tut und wer man ist, ist man auch weniger motiviert, das zu tun, was nötig ist, um sein Selbstwertgefühl zu stärken. Nun passiert es schnell, dass man in den Kreislauf des negativen Denkens gerät. Dieser Kreislauf führt zu weiteren schädlichen, fehlgeleiteten und falschen Überzeugungen, die nicht ideal sind, insbesondere wenn Sie an einer sozialen Angststörung leiden.

Es gibt jedoch Dinge, die Sie tun können, um Ihr Selbstwertgefühl zu verbessern. Die Verbesserung Ihres Selbstwertgefühls ist ein Prozess, der nicht über Nacht stattfindet. Es gibt jedoch einige

Dinge, die Sie tun können, um loszulegen und den Prozess zu beschleunigen.

Tipps zur Verbesserung Ihres Selbstwertgefühls

Im Folgenden finden Sie einige hilfreiche und effektive Tipps, mit denen Sie Ihr Selbstwertgefühl verbessern können.

1. Erlernen Sie eine neue Fertigkeit

Wir Menschen befinden uns nahezu ständig in einem Lernprozess und da sich die Welt immer weiterentwickelt, bleibt uns keine andere Wahl, als uns an diese Veränderungen anzupassen. Das Erlernen einer neuen Fertigkeit kann Ihnen dabei helfen, insbesondere im Arbeits- und Schulumfeld.

Aufgrund des Lernprozesses, der mit dem Erwerb einer neuen Fertigkeit verbunden ist, haben Sie diese nicht nur erworben, sondern haben auch das Privileg, bei Bedarf neue Aufgaben zu übernehmen, wodurch Sie Ihr Kompetenzgefühl steigern. Sie werden proaktiver und können über Themen sprechen, über die Sie vorher keine Ahnung hatten. Insgesamt ändert sich dadurch Ihr Selbstbild und Sie schätzen sich selbst im Laufe der Zeit viel mehr.

2. Seien Sie nett zu sich selbst

Es ist typisch für uns Menschen, unser Selbstwertgefühl weiter zu schädigen, indem wir selbstkritisch sind. Das sollte nicht der Fall sein. Wir müssen lernen, nett zu uns selbst zu sein. Diese Stimme in Ihrem Kopf, die Ihnen immer wieder sagt, dass Sie ein Verlierer sind, ist mächtiger als Sie denken. Diese Stimme kann die Kontrolle über Ihr Leben übernehmen. Seien Sie stattdessen freundlich zu sich selbst und fordern Sie negative Gedanken heraus.

Eine gute Möglichkeit, diese innere Stimme in Schach zu halten, besteht darin, sich selbst so zu behandeln, wie Sie andere behandeln. Wenn Sie sehr respektvoll sind und sich anhören, was andere zu sagen haben, lernen Sie, wie Sie dasselbe auch für sich selbst tun können. Sprechen Sie mit sich selbst so, wie Sie mit Ihren Freunden sprechen würden. Das mag sich zunächst als schwierig erweisen, doch nach ein wenig Übung werden Sie immer besser und schließlich beherrschen Sie es, nett zu sich selbst zu sein.

3. Seien Sie so, wie Sie sind

Wissen Sie, wer Sie sind? Tritt Ihr wahres Ich zutage? Seit unserer Kindheit sind wir darauf konditioniert, auf eine bestimmte Art und Weise zu handeln. Sobald Sie herausgefunden haben, wer Sie sind, und gelernt haben, Sie selbst zu sein, werden Sie definitiv ein glücklicherer Mensch sein.

Versuchen Sie niemals, anderen zu gefallen. Dies kann anfangs zwar schön sein, doch Sie müssen Ihre Grenzen kennen. Wenn Sie anfangen, sich mit anderen zu vergleichen, werden Sie sich minderwertig fühlen und es wird Ihnen schwer fallen, Sie selbst zu sein. Versuchen Sie stattdessen, sich mehr auf Ihre Erfolge und Ziele zu konzentrieren und sie nicht mit denen anderer Menschen zu messen. Diese Art von Druck ist für niemanden gesund und Sie brauchen ihn in Ihrem Leben nicht. Seien Sie einfach Sie selbst!

4. Mehr bewegen (Sport treiben)

Laut einer Studie aus dem Jahr 2016 besteht ein Zusammenhang zwischen Bewegung und einem höheren Selbstwertgefühl sowie einer verbesserten psychischen Gesundheit (Sani, Fathirezaie & Talepasand, 2016).

Debbie Mandel, die Autorin von *Addicted to Stress*, ist der Meinung, dass Sie bei körperlicher Aktivität sowohl geistig als auch körperlich entspannen können, insbesondere beim Krafttraining.

Sport hilft Ihnen dabei, Ihren Tag so zu organisieren, dass Sie gut zu sich selbst sind. Finden Sie eine Möglichkeit, um sich zu entspannen oder um etwas zu tun, das Ihnen Spaß macht. Sie werden sehen, wie gut sich das anfühlt. Sie können gut zu sich selbst sein, indem Sie ausreichend schlafen, sich richtig ernähren und sich ab und zu etwas Gutes tun.

5. Denken Sie daran, dass niemand perfekt ist

Niemand ist perfekt in allem, was er tut, und Sie sollten das unbedingt wissen. Wir alle haben unsere Stärken und Schwächen. Einige von uns sind kreativ, andere nicht. Andere sind detailorientiert, einige von uns sind es nicht. Egal wie sehr Sie es auch versuchen, Sie können nicht perfekt sein.

Zu glauben, dass es perfekte Menschen gibt, kann Ihr tägliches Leben zerstören. Unterlassen Sie solche Gedanken. Eine solche Denkweise kann Sie daran hindern, die erforderlichen Maßnahmen zu ergreifen, da Sie zu viel Angst haben, einem bestimmten Standard nicht gerecht zu werden. Am Ende werden Sie zögerlich agieren und nicht die gewünschten Ergebnisse erzielen. Dies kann Ihr Selbstwertgefühl beeinträchtigen.

Manchmal führen bestimmte Maßnahmen, die Sie ergreifen, nicht zum gewünschten Ziel. Am Ende sind Sie nicht zufrieden mit Ihren Leistungen bzw. mit Ihrem Erfolg. Auf diese Weise werden Sie weiterhin negativ über sich selbst denken und Ihnen wird die Motivation fehlen, um Maßnahmen zu ergreifen.

Dies sind ein paar Dinge, die mir dabei geholfen haben, mein wahres Selbst zu erkennen und mir dessen bewusst zu werden, dass niemand perfekt ist:

- Nach dem streben, was gut genug ist. Wenn Sie versuchen, sich selbst zu perfektionieren, weil Sie der Meinung sind, dass es perfekte Menschen gibt, dann setzen Sie sich selbst unter Druck und es wird Ihnen schwerfallen, eine Aufgabe zu erledigen. Entscheiden Sie sich stattdessen für eine simple Gut-genug-Mentalität. Diese Mentalität sollte keine Entschuldigung für Sie sein, um nachlässig zu werden. Sie sollten einfach nur feststellen, dass es einen Zustand gibt, der als „gut genug" bezeichnet wird, und wenn Sie diesen Zustand erreicht haben, dann haben Sie Ihre Aufgabe erledigt.

- Denken Sie daran, dass Sie sich und die Menschen in Ihrem Leben nur selbst verletzen, wenn Sie davon überzeugt sind, dass es perfekte Menschen gibt. Mit Hilfe dieses Leitspruches sollten Sie dazu in der Lage sein, das Leben als das zu sehen, was es ist und was es nicht ist. Das Leben ist nicht immer so, wie es in Liedern, Büchern, Filmen oder sozialen Medien dargestellt wird. Führen Sie eine Realitätsprüfung durch, falls Sie die Vorstellung entwickeln, dass Sie perfekt sein müssen. Eine falsche Wahrnehmung kann Ihnen schaden und möglicherweise dazu führen, dass Sie potenzielle Projekte, Verträge, Jobs und sogar Beziehungen verlieren.
- Niemand ist frei von Fehlern. Irren ist menschlich und wir dürfen Fehler machen, um Dinge zu lernen und zu wachsen. Wenn Sie also einen Fehler machen, machen Sie sich nicht deswegen fertig, sondern lernen Sie daraus und versuchen Sie es erneut. Sie haben definitiv ein oder zwei Dinge durch die Fehler gelernt, die Sie gemacht haben, und beim nächsten Versuch werden Sie besser sein.

6. Konzentrieren Sie sich auf die Dinge, die Sie ändern können

In den Worten des Bestsellerautors und Redners Steve Maraboli:

„Eine unglaubliche Veränderung geschieht in Ihrem Leben, wenn Sie sich dazu entscheiden, die Kontrolle über das zu übernehmen, worüber Sie Macht haben, anstatt sich nach Kontrolle über die Dinge zu sehnen, über die Sie keine Macht haben."

Sie müssen den Unterschied zwischen den Dingen, die Sie kontrollieren können, und denen, die Sie nicht kontrollieren können, kennen. Es passiert leicht, sich mit Dingen zu beschäftigen, die völlig außerhalb Ihrer Kontrolle liegen, und dies verhindert, dass Sie Ihre Ziele erreichen. Konzentrieren Sie Ihre Energie stattdessen auf die Dinge, von denen Sie wissen, dass sie innerhalb Ihrer Kontrolle liegen, und finden Sie heraus, was Sie dagegen tun können.

Wenn Sie sich auf die Dinge konzentrieren, die Sie ändern können, machen Sie sich weniger Sorgen, weil Sie wissen, dass Sie so viel wie möglich tun, um gesund und glücklich zu sein. Dies befreit Sie nicht nur von Ihrer Angst, sondern verleiht Ihnen auch ein Gefühl von tiefem Selbstvertrauen, das Ihr Selbstwertgefühl stärkt.

7. Machen Sie das, was Sie glücklich macht

Wenn Sie sich dafür entscheiden, die Dinge zu tun, die Sie glücklich machen, verbessern Sie sofort Ihr Selbstwertgefühl. Auf diese Weise werden Sie nicht mehr unsicher sein, da Ihr Glück und Ihre Freude alles übertrumpft. Menschen haben ein geringes Selbstwertgefühl, weil sie glauben, was andere Menschen über sie sagen, ohne zu wissen, dass der Weg zum Glück darin besteht, nicht auf diese Worte zu hören.

Wenn Sie mehr Zeit damit verbringen, die Dinge zu tun, die Sie lieben und genießen, werden Sie wahrscheinlich positiv denken und positives Denken kann ansteckend sein. Ich habe noch nie von jemandem gehört, der es bereut hat, die Dinge getan zu haben, die ihn glücklich machen. Auch wenn es nicht so läuft, wie Sie es sich vorgestellt haben, so werden Sie dennoch weniger Reue verspüren, wenn Sie sich dazu entschlossen haben, die Dinge zu tun, die Sie glücklich machen.

Sie können versuchen, jeden Tag ein wenig Zeit für sich selbst einzuplanen. Egal ob Sie kochen, auf der Couch liegen, sich einen Film ansehen oder ein Buch lesen: Machen Sie einfach etwas, das Ihnen Spaß macht. Wenn es Sie glücklich macht, dann ist es das wert.

8. Feiern Sie kleine Siege

Unsere heutige Gesellschaft hat uns so konditioniert, dass wir uns nur darauf konzentrieren, große Siege zu feiern. Auch wenn es unbedeutend erscheint, kleine Siege zu feiern, wie z. B. dass Sie sich Ihr Lieblingsessen gekocht haben, dass Sie morgens aufgewacht sind, dass Sie ein neues Projekt begonnen haben, dass Sie schuldenfrei sind oder dass Sie einen langen Spaziergang gemacht haben, so sollten diese kleinen Siege dennoch gefeiert werden.

Das Zelebrieren Ihrer kleinen Siege ist eine großartige Möglichkeit, um Ihr Selbstwertgefühl zu steigern. Erkennen Sie, dass das Leben nicht nur aus großen, sondern aus kleinen Momenten besteht. Also fangen Sie an zu feiern!

9. Seien Sie hilfsbereit und rücksichtsvoll gegenüber anderen Menschen

Anderen Menschen zu helfen hat sich auf so vielen Ebenen als vorteilhaft erwiesen. Sie erhalten nicht nur die Befriedigung, dass Sie jemandem in Not geholfen haben, sondern auch ein gesteigertes Gefühl der Sinnhaftigkeit, das Ihr Selbstwertgefühl verbessert. Wenn Sie hilfsbereit und rücksichtsvoll sind, können Sie die Beziehungen an Ihrem Arbeitsplatz verbessern und zu einer wertvollen Person werden, die Ihr Unternehmen nicht verlieren möchte. Versuchen Sie also, sich darauf zu konzentrieren, Rücksicht auf die Menschen in Ihrem täglichen Leben zu nehmen. Sie können Folgendes versuchen:

- Lassen Sie jemanden bei Ihrer nächsten Autofahrt in Ihre Fahrspur einfädeln, anstatt ihn zu blockieren.
- Wenn jemand versucht, bei Ihnen Dampf abzulassen, dann seien Sie einfach für diese Person da und hören Sie sich an, was sie zu sagen hat.
- Helfen Sie einer anderen Person, auch wenn es nur für ein paar Minuten ist.
- Halten Sie die Tür für jemanden auf.
- Sie könnten ein Motivator für einen Freund oder ein Familienmitglied sein, der sich niedergeschlagen und unmotiviert fühlt.

10. Definieren Sie, was Erfolg für Sie bedeutet

Wir alle wollen erfolgreich sein. Wir streben nach Ruhm, Geld, Macht, Beziehungen und Bildung, um Erfolg zu haben. Haben Sie jemals innegehalten und sich gefragt, was Erfolg für Sie bedeutet? Nur wenige Leute halten inne und finden heraus, was Erfolg für sie bedeutet. Wenn Sie Ihren eigenen Lebensplan nicht definieren, dann besteht eine hohe Wahrscheinlichkeit, dass Sie den Lebensplan einer anderen Person kopieren, der vielleicht nicht gut für Sie ist.

Wenn Sie Erfolg nicht für sich selbst definieren, eifern Sie vielleicht einer anderen Person nach. Dies wird Ihnen erst klar werden, wenn Sie auf dem „falschen Gipfel" angekommen sind.

Um Ihren eigenen Erfolg zu definieren, müssen Sie Ihre Ziele und Wege basierend auf Ihren Wünschen und nicht auf den Wünschen anderer Personen festlegen. Manchen Menschen macht es Freude, anderen zu helfen. Erfolg bedeutet für solche Menschen, anderen etwas zurückzugeben. Versuchen Sie herauszufinden, was Erfolg für Sie bedeutet. Um eine Sache erfolgreich zu tun, müssen Sie das Selbstwertgefühl in sich selbst finden, das Sie dorthin bringt.

11. Umgeben Sie sich mit unterstützenden und positiven Menschen

Positive Menschen sind authentisch und nicht egozentrisch. Sie kümmern sich nicht nur um sich selbst, sondern auch um andere. Auf Positivität folgt Authentizität, und Sie lernen Menschen kennen, die um Ihr Wohlergehen bemüht sind.

Versuchen Sie stets, sich mit positiven Menschen zu umgeben, die Ihnen dabei helfen, Ihr volles Potenzial auszuschöpfen und die beste Version Ihrer selbst zu sein. Verzichten Sie auf toxische Personen, die Sie nicht unterstützen, und konzentrieren Sie sich mehr auf positive Menschen in Ihrem Leben.

Sie sollten wissen, wer Sie schlecht behandelt bzw. nicht hinter Ihnen steht und Sie nicht aufbaut. Trotzdem fällt es Ihnen möglicherweise schwer, die toxischen Menschen in Ihrem Leben zu ignorieren, weil Sie das Gefühl haben, dass Sie nicht auf diese Menschen verzichten können oder dass Sie sie schon so lange kennen. Aber was wäre, wenn es Ihnen mehr schadet als nützt, wenn diese Menschen in Ihrem Leben verbleiben?

Es wird schwierig werden, Ihr Selbstwertgefühl zu verbessern, wenn solche toxischen Menschen Ihr Leben immer wieder negativ beeinflussen. Tun Sie Folgendes, um die notwendigen Änderungen vorzunehmen und die gewünschten Ergebnisse zu erzielen:

- Verbringen Sie weniger Zeit mit Menschen, die Ihnen gegenüber nicht freundlich sind, Sie nicht unterstützen oder perfektionistisch sind. Diese Menschen werden niemals etwas Gutes zu Ihren Träumen oder Zielen beitragen.
- Verbringen Sie mehr Zeit mit Menschen, die Sie motivieren und unterstützen und die positiv sind. Diese Menschen haben eine menschlichere, freundlichere und bessere Denkweise in Bezug auf die Welt.
- Denken Sie über die Dinge nach, die Sie sich ansehen, durchlesen und anhören. Nutzen Sie die Zeit, die Sie sonst in einem Internetforum verbringen, stattdessen dafür, andere Dinge zu tun, wenn Sie das Gefühl haben, dass Sie durch solche Internetforen daran zweifeln, wer Sie sind, und sich dadurch schlecht fühlen.
- Verbringen Sie Zeit damit, Podcasts anzuhören, Bücher, Webseiten und Blogs zu lesen, die Ihnen helfen, sich besser zu fühlen.
- Vermeiden Sie Menschen, die Sie dazu bringen, ängstlich zu werden oder in negative Gedankenmuster zu verfallen, und finden Sie Menschen, bei denen Sie sich gut fühlen.

Schließlich werden wir alle mit demselben Wert und unendlich viel Potenzial geboren. Der Glaube, dass Sie weniger wert sind als andere Menschen, ist falsch und ich möchte, dass Sie diesen Gedanken sofort vergessen. Indem Sie harte Arbeit leisten und nett zu sich selbst sind, können Sie die selbstzerstörerischen Gedanken, die Ihr Selbstwertgefühl oft daran hindern zu wachsen, hinter sich lassen. Sie müssen nur das befolgen, was ich oben skizziert habe, und Ihr Selbstwertgefühl wird steigen. Jeder hat es in sich. Sie brauchen nur den richtigen Impuls, um dies zu erkennen.

In diesem Kapitel haben Sie gelernt, was Selbstwertgefühl bedeutet und wie Sie Ihr Selbstwertgefühl auf unterschiedliche Weise verbessern können. Als Nächstes werden wir uns mit dem Heilungsprozess (Therapie) beschäftigen. Sobald Ihre Angst außer Kontrolle gerät, sollten Sie sich in eine Therapie begeben.

KAPITEL 10:

Therapie für soziale Angststörungen

Die soziale Angststörung (SAS) ist eine häufig vorkommende psychiatrische Störung. Eine SAS wird oft als Schüchternheit missverstanden, kann aber lähmende Ängste hervorrufen, die sich auf Ihre Arbeitsleistungen, Schulleistungen, Ihr soziales Umfeld und Ihre Beziehungen auswirken. Bis zu 12 % der Amerikaner sind einmal in ihrem Leben von einer SAS betroffen.

Die Diagnose einer sozialen Angststörung kann schwierig sein, zumal sie oftmals mit normalen Angstzuständen und Schüchternheit verwechselt wird. Aus diesem Grund suchen sich viele Menschen keine Hilfe. Um die ganze Sache zu vereinfachen, hat die 4. Auflage des *Diagnostic and Statistical Manual of Mental Disorders* die Kriterien aufgelistet, anhand derer eine soziale Angststörung diagnostiziert werden kann. In diesem Handbuch wird auch beschrieben, wie sich die Störung bei Kindern und Erwachsenen zeigt.

Fast die Hälfte der Menschen mit sozialer Angststörung leidet in bestimmten Situationen unter Angstzuständen, insbesondere in Situationen, die das Auftreten und das Sprechen vor Publikum erfordern, während andere Menschen eine allgemeine Form von Angst verspüren, die sie in fast allen Arten von sozialen Situationen Angst empfinden lässt.

Obwohl die meisten Menschen nervös werden, wenn sie vor mehreren Menschen sprechen müssen, unterscheidet sich eine soziale Angststörung von einer normalen Angststörung durch das Ausmaß der Belastung und des Schadens, den sie verursacht. Untersuchungen haben beispielsweise ergeben, dass Erwachsene mit einer sozialen Angststörung häufiger in der Arbeit fehlen, während Jugendliche mit dieser Störung häufiger die Schule abbrechen. In der Tat können auch romantische Beziehungen davon betroffen sein, was ein Hauptgrund dafür ist, dass Menschen mit einer sozialen Angststörung weniger häufig früh heiraten.

Da die Symptome einer sozialen Angststörung häufig als geringfügig angesehen werden, sucht sich nur die Hälfte der Menschen Hilfe oder lässt sich behandeln. Wie ich bereits erwähnt habe, leiden sie in der Regel mindestens zehn Jahre lang an den Symptomen der SAS, bevor sie sich Hilfe suchen. Das ist bedauerlich, denn es gibt viele Behandlungen, die helfen können, die Angstsymptome zu lindern.

Wann Sie sich in eine Therapie für soziale Angststörungen begeben sollten

Vermeiden Sie seit einigen Monaten bestimmte soziale Situationen? Sind Sie deswegen sehr gestresst? Wenn ja, dann ist es jetzt an der Zeit, sich Hilfe zu suchen. Wenn Sie an Veranstaltungen aufgrund Ihrer Ängstlichkeit nicht teilnehmen, obwohl Sie daran interessiert wären, dann ist es an der Zeit, sich Hilfe zu suchen.

Dies gilt auch dann, wenn Sie sich selbst vormachen, dass Sie wegen des unangenehmen Gefühls, das damit einhergeht, nicht an diesen Dingen interessiert sind. Sie wissen sehr gut, dass Sie vielleicht Spaß an einer Aktivität haben werden, doch Sie streiten es ab und verstecken sich hinter Ihrem Zynismus.

Wenn es Ihnen schwer fällt, neue Freunde zu finden, weil es für Sie beängstigend ist, sich in einem neuen Umfeld zurechtzufinden, oder wenn Sie bemerken, dass Sie allein sind, während sich alle anderen unterhalten, oder wenn jemand versucht, Sie nach einem Date zu fragen und Sie eine Million Ausreden haben, dann haben Sie vielleicht eine SAS. Sie unterdrücken das Gefühl der Einsamkeit stets und sagen sich, dass Sie eben ein solches Leben führen müssen.

Untersuchungen haben gezeigt, dass bei sozialen Angststörungen umweltbedingte und genetische Faktoren zusammenwirken. Um

Ihre sozialen Ängste zu behandeln, ist es von Vorteil, sich darauf zu konzentrieren, was Ihre Angst auslöst, und diese Faktoren mit Hilfe der kognitiven Verhaltenstherapie (KVT) anzugehen, anstatt sich darauf zu konzentrieren, warum Sie ein Problem haben. Mehrere Forschungsstudien legen nahe, dass die kognitive Verhaltenstherapie ein wirksames Mittel zur Behandlung von Angststörungen, insbesondere von sozialen Angststörungen, ist. Alles in allem kann die soziale Angststörung am besten durch eine kognitive Verhaltenstherapie oder Medikamente behandelt werden. Lassen Sie uns zunächst analysieren, worum es bei der KVT geht.

Die kognitive Verhaltenstherapie

Die kognitive Verhaltenstherapie ist eine gängige Therapieform, die in den 1980er und 1990er Jahren zur Behandlung von Angststörungen populär wurde. Die KVT ist eine Therapieform, die Patienten konsequent dabei geholfen hat, ihre klinischen Angststörungen zu überwinden.

Die kognitive Verhaltenstherapie ist nicht nur eine eindimensionale Methode, sondern eine Kombination verschiedener Techniken, die von der jeweiligen Art der Angststörung abhängen. Beispielsweise unterscheidet sich die zur Behandlung von sozialen Angststörungen verwendete KVT von jener KVT, die zur Behandlung von Depressionen und anderen Arten von Angststörungen verwendet wird.

Da es so viele verschiedene Techniken der KVT gibt, müssen Sie einen Therapeuten finden, der erfahren ist und die besonderen und effektivsten Techniken zur Behandlung von sozialen Angststörungen kennt.

Die KVT zielt darauf ab, Patienten Techniken und Praktiken zur Verfügung zu stellen, sodass sie neue Denk- und Verhaltensweisen in Situationen anwenden können, die ihnen beängstigend erscheinen. Die Therapie kann in einer Einzel- oder in einer Gruppentherapie erfolgen.

Bei der Expositionstherapie werden die Patienten der Situation ausgesetzt und es werden ihnen Möglichkeiten aufgezeigt, wie sie mit ihrer Angst umgehen können. Wenn sich beispielsweise der Gedanke an den bevorstehenden Abschlussball der Schule oder die bevorstehende Büroparty bereits schrecklich anfühlt, kann eine Möglichkeit zur Überwindung der Angst darin bestehen, sich ein erreichbares Ziel zu setzen, wie zum Beispiel, dass die Patienten ein Gespräch mit einer oder zwei Personen auf der Party beginnen. Bei einer anderen Variante der KVT üben und erlernen die Patienten Entspannungstechniken und soziale Fähigkeiten, um mit ihren Angstzuständen umzugehen. Diese Variante ist jedoch nicht so gut untersucht wie die Expositionstherapie.

Die kognitive Verhaltenstherapie besteht normalerweise aus etwa zwölf bis sechzehn wöchentlichen Sitzungen, die sechzig bis neunzig Minuten dauern. Studien haben gezeigt, dass Patienten mit einer Angststörung sechs bis zwölf Wochen eine KVT durchlaufen müssen, bevor eine sichtbare Verbesserung erkennbar ist.

Was die KVT für soziale Angststörungen bedeutet

- Sie stellen sich allmählich sozialen Situationen, die Ihnen Angst machen, anstatt sie völlig zu vermeiden.
- Sie lernen, die mit der Angst verbundenen körperlichen Symptome mithilfe von Atemübungen und Entspannungstechniken zu kontrollieren.
- Sie stellen sich negativen Gedanken entgegen, die Ihre Angst auslösen und schüren. Sie erhalten eine ausgeglichenere Perspektive.
- Sie können Atemübungen und Entspannungstechniken selbst erlernen, können jedoch auch von der Anleitung und zusätzlichen Unterstützung profitieren, die Ihnen ein Therapeut bietet.

Ziele der KVT bei sozialen Angststörungen

Das Hauptziel der KVT besteht darin, Ihre irrationalen Gedanken und Überzeugungen zu identifizieren und durch realistischere Ansichten zu ersetzen. Im KVT-Prozess müssen Sie an einigen Bereichen arbeiten. Diese sind:

- Ihre Durchsetzungsfähigkeit
- Wut, Schuldgefühle und Verlegenheit in Bezug auf die Vergangenheit
- Falsche Überzeugungen in Bezug auf Ihr Selbstwertgefühl und Ihre Fähigkeiten
- Überwindung der Vermeidungstaktiken, die mit sozialen Angststörungen zusammenhängen
- Realistischer sein und sich seinem Perfektionismus stellen

Ihre KVT-Therapie kann sich wie eine Schüler-Lehrer-Beziehung anfühlen, wobei der Therapeut die Rolle eines Lehrers spielt. Ihr Therapeut skizziert das Therapiekonzept und wird Ihnen auf Ihrem Weg zur Veränderung und Selbstfindung helfen. Außerdem erhalten Sie Hausaufgaben, die für Ihren Fortschritt entscheidend sind.

Schlüssel zum Erfolg bei der KVT

Forschungen zufolge gibt es bei der KVT verschiedene Schlüssel zum Erfolg bei sozialen Angststörungen. Die Wahrscheinlichkeit, dass die KVT Ihnen helfen kann, hängt stark von Ihrer Erfolgserwartung, Ihrer Fähigkeit, unangenehmen Gedanken zu begegnen, und Ihrer Bereitschaft ab, Ihre Hausaufgaben zu erledigen.

Patienten, die hart an sich arbeiten wollen und sich sicher sind, dass die KVT ihnen Hilfe bietet, haben eine höhere Erfolgschance. Die KVT ist jedoch eine intensive Therapie, an der der Betroffene aktiv teilnehmen muss. Am Ende wird die Verbesserung von langer Dauer sein und die harte Arbeit wert sein.

KVT-Methoden

Die kognitive Verhaltenstherapie besteht aus verschiedenen Techniken, von denen sich viele auf problematische Denkmuster konzentrieren. Die kognitiven Methoden helfen den Patienten dabei, ihre Angst zu verringern, die sie in zwischenmenschlichen Beziehungen und in sozialen Situationen empfinden. Die KVT verspricht, Patienten mit sozialen Angststörungen ein Gefühl der Kontrolle darüber zu geben, wie sie sich in sozialen Situationen fühlen.

Das grundlegende Ziel der KVT besteht darin, Ihre Grundüberzeugungen zu ändern, die die Art und Weise beeinflussen, wie Sie Ihre Umgebung interpretieren. Die Veränderung dieser Grundüberzeugungen führt zu einer dauerhaften Verbesserung Ihrer sozialen Angstsymptome.

Ein entscheidendes Problem, auf das sich die KVT konzentriert, sind die automatischen negativen Gedanken, die Patienten mit einer sozialen Angststörung haben. Diese automatischen negativen Denkweisen verstärken Ihre Angst und verringern Ihre Problembewältigungsfähigkeit. Diese Gedanken finden automatisch statt, wenn Sie an eine angstauslösende Situation denken.

Zum Beispiel haben Menschen, denen es schwerfällt, neue Freunde zu finden, jedes Mal, wenn sie daran denken, Versagensängste. Ziel der KVT ist es, solche kognitiven Verzerrungen durch eine realistischere Sichtweise zu ersetzen.

Sie haben sicherlich schon einmal gehört, dass Sie in Situationen, die Angst in Ihnen auslösen, immer positiv denken sollen. Leider ist das nicht so einfach. Wenn es so wäre, hätten viele Menschen ihr Angstproblem längst gelöst! Da Ihr Gehirn im Laufe der Zeit gelernt hat, ängstliche und negative Gedanken zu haben, wird es eine Zeitlang dauern, bis Sie es wieder neu programmiert haben. Es wird nicht funktionieren, wenn Sie sich einfach nur sagen: „Ich werde besser mit der Situation umgehen und weniger ängstlich sein."

Um Ihre automatische negative Denkweise langfristig zu ändern, müssen Sie mehrere Monate lang jeden Tag üben. Zunächst werden Sie im Rahmen der Therapie dazu aufgefordert, Ihre negativen Gedanken zu erfassen und logisch in etwas Neutrales zu verwandeln. Dies wird später einfacher, wenn Sie an Ihren realistischen Gedanken arbeiten. Dann wird Ihnen dies in Fleisch und Blut übergehen.

Nach einer Weile werden Ihre Gedächtnisprozesse beeinflusst und die Nervenbahnen in Ihrem Gehirn werden verändert. Sie beginnen damit, anders zu denken, zu handeln und sich anders zu fühlen, und mit Geduld, Übung und Beharrlichkeit werden Sie Fortschritte erzielen. Anfangs ist dies ein bewusster Prozess, doch mit ständiger Übung und Wiederholung wird dieser Prozess automatisch ablaufen.

Verhaltensmethoden

Die systematische Desensibilisierung ist eine der häufig verwendeten Verhaltenstechniken zur Behandlung von sozialen Angststörungen. Es handelt sich hierbei um eine Art des Expositionstrainings, bei dem Sie angstauslösenden Situationen ausgesetzt sind, damit Sie im Laufe der Zeit weniger Angst haben.

Das Expositionstraining für SAS ist immer ein schrittweiser Prozess. Jedes Expositionstraining ohne einen schrittweisen Prozess verursacht nur mehr Schaden als Nutzen. Ihre Angst wird schlimmer, da Sie sich in einem Teufelskreis befinden, der schließlich zu Depressionen führt.

Mit Hilfe eines KVT-Therapeuten setzen Sie sich allmählich sozialen Situationen aus, die Ihnen Angst machen. Zunächst können Sie dies auf imaginäre Art und Weise üben, indem Sie Rollenspiele verwenden, um für ein Vorstellungsgespräch zu üben, eine Rede zu halten oder sich einem Fremden vorzustellen. Sobald Sie diese imaginären Situationen gemeistert haben, können Sie sich an Situationen im richtigen Leben heranwagen. Ein zu schnelles Expositionstraining, oder wenn die Situationen zu anspruchsvoll sind, kann schief gehen.

Internet-KVT bei SAS

Kognitive Verhaltenstherapien über das Internet (i-KVT) werden immer beliebter und zunehmend häufiger angeboten. Einige Forschungsergebnisse unterstützen diesen Ansatz, insbesondere wenn sie von einem Fachmann für psychische Gesundheit durchgeführt werden.

Da die KVT einem streng strukturierten Format folgt, eignet sie sich gut für Online-Anwendungen, die aus therapieunterstützten Interventionen oder Selbsthilfe bestehen. Für Patienten mit schweren Angststörungen, denen es schwerfällt, ihr Zuhause zu verlassen und persönlich an Therapieterminen teilzunehmen, ist diese Form der KVT ebenfalls hilfreich.

Wir müssen alle uns zur Verfügung stehenden kognitiven Strategien anwenden, unsere Entschlossenheit stärken, bei Therapien beharrlich und konsequent zu sein, und alle Formen experimenteller oder verhaltensbezogener Aktivitäten nutzen, die uns bei der Bewältigung unserer sozialen Angststörungen helfen.

Genau wie bei der kognitiven Therapie müssen die Verhaltensaktivitäten detailliert und umfassend sein. Der Therapeut muss über eine Liste verschiedener Verhaltensaktivitäten verfügen, die dem Patienten Vertrauen und Zuversicht geben, wenn er an diesen Aktivitäten arbeitet.

Schließlich muss für eine wirksame und erfolgreiche Behandlung von Angstzuständen die Verhaltens- und kognitive Therapie gründlich und umfassend erfolgen. Die Therapie muss ein kontinuierlicher Prozess sein und der Patient muss motiviert genug sein, um sich an die 30-minütige tägliche Übungsroutine zu halten.

Die KVT ist nicht unbedingt der Weg des geringsten Widerstands, weder für den Patienten noch für den Therapeuten. Es handelt sich jedoch um den effektivsten Weg, um soziale Angststörungen zu überwinden. Die Mehrheit der Menschen mit einer sozialen Angststörung wird sich bereit erklären, hart zu arbeiten und ihre Therapie fleißig durchzuziehen. Diese Menschen werden sagen, dass sie hoch motiviert, bereit und willens sind, da die Dinge, an denen sie arbeiten müssen, weniger schlimm sind als die täglichen Albträume, die mit ihren sozialen Angststörungen verbunden sind.

Es ist niemals einfach, an einer SAS zu leiden. Es ist ein alltäglicher Kampf und viele Menschen leugnen, dass sie an einer SAS leiden. Wenn Sie sich Hilfe suchen, dann sind Sie bereit dazu, Fortschritte zu erzielen und sich von den Fesseln Ihrer Angst zu lösen. Ihre Hoffnung, Fortschritte zu machen und schließlich Erfolg zu haben, verleiht Ihnen die Motivation, um Ihr Ziel zu erreichen – Freiheit!

ABSCHLIEßENDE WORTE

Soziale Ängste und all die anderen damit verbundenen Probleme können schwierig zu bewältigen sein. Doch ich bin fest davon überzeugt, dass Sie nun verstanden haben, woher Ihre Angst kommt und wie Sie sie im Keim ersticken können. Die Tatsache, dass Sie dieses Buch gelesen haben, zeigt, wie entschlossen Sie sind, Ihre sozialen Ängste zu überwinden und soziales Selbstvertrauen zu erreichen. Das ist eine gute Sache, aber es reicht nicht, nur über diese Dinge zu lesen.

Lesen Sie dieses Buch nicht einfach und verstecken Sie sich dann weiterhin in Ihrer Komfortzone. Der beste Weg, um soziale Ängste zu überwinden, besteht darin, sich in einem sozialen Umfeld zu befinden. Unabhängig von der Anzahl der Bücher oder Kurse, die Sie besuchen, hängt es immer noch von Ihrer Anstrengung und Ihrer Disziplin ab, das Gelesene in die Praxis umzusetzen. In jedem Abschnitt dieses Buches habe ich Ihnen gut recherchierte Lösungen an die Hand gegeben, die für mich und unzählige andere Menschen wahre Wunder bewirkt haben. Es ist mein aufrichtiger Wunsch, dass Sie das gleiche Ergebnis erzielen.

Um die Schlüsselkonzepte in diesem Buch aufzufrischen, gehen wir nochmals die Kapitel durch, die wir besprochen haben. Wir haben mit der Definition des Begriffs „soziale Angststörungen" begonnen. Ich habe Ihnen die verschiedenen Typen sowie die wahrscheinlichen Ursachen erklärt und Ihnen verraten, wie Sie herausfinden können, ob Sie an einer SAS leiden. Der Zweck bestand darin, Ihnen dabei zu helfen, alles über Ihr Problem zu erfahren, da Sie es auf keinen Fall bekämpfen können, ohne vollständig darüber Bescheid zu wissen.

Anschließend wurden wir ein etwas spezifischer. Wir haben uns angesehen, wann SAS auftreten, wie sie sich anfühlen und welche Trigger SAS auslösen. Wir haben uns auch die körperlichen, verhaltensbezogenen und emotionalen Symptome angesehen, die dabei auftreten können. Ich habe dieses Kapitel so abgefasst, damit Sie genau verstehen, was Sie und unzählige andere Menschen, die an SAS leiden, durchmachen. Sie sind damit nicht allein. Die meisten betroffenen Menschen konnten ihre SAS überwinden und die Symptome hinter sich lassen, um das Leben zu führen, das sie verdienen.

Danach haben wir das Thema Sozialphobie behandelt. Ich habe Ihnen einige Tipps gegeben, die Sie im Kampf gegen Ihre Sozialphobie anwenden können. In diesem Kapitel habe ich klargestellt, dass das Vermeiden sozialer Situationen nicht die Lösung ist. Die Lösung besteht darin, sich Ihren Ängsten zu stellen und an ihnen zu arbeiten. Ich habe Ihnen Tipps gegeben, die Sie anwenden können. Dazu gehört die Änderung Ihrer Sichtweise auf das Problem, die Vermeidung negativer Bewältigungsstrategien sowie die Strategie, sich für die Menschen in Ihrem Umfeld zu interessieren. Lassen Sie mich betonen, dass ich keinen dieser Tipps gedankenlos in dieses Buch aufgenommen habe. All diese Tipps werden auch von Psychologen angewandt und haben sich allesamt als wirksam gegenüber sozialen Angststörungen erwiesen. Seien Sie nett zu sich selbst und wenden Sie diese Tipps an.

Anschließend haben wir uns angesehen, wie Sie mit Ihren sozialen Angststörungen umgehen können, um sie zu überwinden. Wir haben herausgefunden, dass Sie als Erstes die Ängste und Gedanken identifizieren sollten, die Ihre Sozialphobie befeuern. Ich habe einige Ängste, wie zum Beispiel „Andere Menschen mögen mich nicht" oder „Ich werde mich wahrscheinlich blamieren", identifiziert. Ich habe Ihnen gezeigt, wie Sie damit anfangen können, diese Ängste zu analysieren und herauszufordern. Vertrauen Sie mir, diese Befürchtungen sind oft unbegründet und durch eine logische Bewertung dieser Gedanken werden Sie dies selbst erkennen. In diesem Kapitel haben wir einige Gedankenmuster identifiziert, die Ihre Sozialphobie noch weiter verstärken. Beispiele hierfür sind das Katastrophisieren oder das Personalisieren. Anstatt Ihre Zeit und Energie für diese destabilisierenden Gedankenmuster aufzuwenden, sollten Sie sich stattdessen auf positive Gedanken konzentrieren. Ich habe Ihnen gezeigt, wie Sie damit beginnen können, einen prosozialen Lebensstil anzunehmen, um Ihre sozialen Angststörungen zu überwinden.

Manchmal kann Ihre Sozialphobie so viel Druck auf Sie ausüben, dass Sie, wenn Sie keine Behandlung erhalten, eine Angstattacke erleiden können. Ich habe einige Entspannungstechniken aufgelistet, die Ihnen dabei helfen können, Ihre Nerven zu beruhigen, wenn Sie spüren, wie Ihr Herz wild gegen Ihre Brust schlägt. Wir haben über Techniken wie die Zwerchfellatmung, autogenes Training, progressive Muskelentspannung und die Katathym Imaginative Psychotherapie gesprochen. Ich habe Sie darüber informiert, wie wichtig es ist, diese Entspannungstechniken zu üben, auch wenn Sie bereits entspannt sind, damit Sie diese auch dann problemlos ausführen können, wenn Sie Angst haben.

Im darauffolgenden Kapitel haben wir uns mit einem weiteren Problem befasst, das viele Menschen mit SAS betrifft, nämlich mit der Gefallsucht. Ich habe Ihnen zunächst die Anzeichen verraten, um herauszufinden, ob Sie an Gefallsucht leiden, damit Sie dieses Verhalten nicht mit Freundlichkeit verwechseln. Danach habe ich Ihnen einige Tipps verraten, mit denen Sie Ihre Gefallsucht überwinden können, wie z. B. klein anzufangen, sich Zeit zu nehmen, sich selbst zu akzeptieren und zu lieben.

Schließlich haben wir uns dem Thema Schüchternheit gewidmet sowie den Auswirkungen von Schüchternheit und wie man diese überwindet. Wir haben auch untersucht, wie Sie ein gutes soziales Selbstvertrauen aufbauen und Ihr Selbstwertgefühl verbessern können. Ich habe diese Aspekte in dieses Buch integriert, weil sie mit den Ursachen von sozialen Angststörungen verbunden sein können. Wir haben uns angesehen, wie wir soziale Ängste beseitigen können, indem wir unser soziales Selbstvertrauen und unser Selbstwertgefühl stärken.

Schließlich haben wir das Buch mit der Diskussion über den Einsatz von Therapien zur Behandlung von SAS abgeschlossen. Wir haben die Anzeichen dafür untersucht, ob eine Therapie notwendig sein könnte, sowie Schlüsseltherapien wie die kognitive Verhaltenstherapie und Rollenspiele analysiert.

Eine Erkenntnis, die Sie aus der Lektüre dieses Buchs mitnehmen sollten, ist, dass soziale Angststörungen, Schüchternheit, Gefallsucht und mangelndes soziales Vertrauen dazu führen, dass Sie nicht glücklich sind und kein glückliches Leben führen – doch Sie können etwas dagegen tun. Sie haben bereits damit begonnen, indem Sie dieses Buch gekauft und gelesen haben. Ich hoffe, dass Sie Ihre Reise abschließen werden. Legen Sie dieses Buch nicht einfach beiseite. Lesen Sie es gründlich und ergreifen Sie die darin präsentierten Maßnahmen.

Wir sehen uns im gesellschaftlichen Teil des Lebens, in dem Bereich, in dem alles passiert ... Viel Erfolg!

VERWEISE

ADAA. (2019). *Social Anxiety Disorder.* Abgerufen von Anxiety and Depression Association of America: https://adaa.org/understanding-anxiety/social-anxiety-disorder

Albono, A. M. (2014, August 12). *When young people suffer social anxiety disorder: what parents can do.* Abgerufen von CareForYourMind: http://careforyourmind.org/when-young-people-suffer-social-anxiety-disorder-what-parents-can-do/

Bhandari, S. (2019, May 20). *What Is Social Anxiety Disorder?* Abgerufen von WebMD: https://www.webmd.com/anxiety-panic/guide/mental-health-social-anxiety-disorder#2

Cohut, M. (2019, August 30). *4 top tips for coping with social anxiety.* Abgerufen von https://www.medicalnewstoday.com/articles/326211.php#1

Cuncic, A. (2019, November 26). *How to Practice Progressive Muscle Relaxation.* Abgerufen von Verywellmind: https://www.verywellmind.com/how-do-i-practice-progressive-muscle-relaxation-3024400

Daskal, L. (2017) *9 Simple Ways to Boost Your Self-Esteem Quickly.* Abgerufen von https://www.inc.com/lolly-daskal/19-simple-ways-to-boost-your-self-esteem-quickly.html

Felman, A. (2018, February 5). *What's to know about social anxiety disorder?* Abgerufen von MedicalNewsToday: https://www.medicalnewstoday.com/articles/176891.php#what-is-social-anxiety-disorder

Griffin, T. (2019, October 6). *How to Be Socially Confident.* Abgerufen von WikiHow: https://www.wikihow.com/Be-Socially-Confident

Lo, M. (2019). *5 Ways to Start Building Social Confidence Today.* Abgerufen von Lifehack: https://www.lifehack.org/372358/5-ways-start-building-social-confidence-today

Luna, A. (2020, January). *People-Pleasing: The Hidden Dangers of Always Being "Too Nice"*. Abgerufen von Lonerwolf: https://lonerwolf.com/people-pleasing/

Project, G. (2019, October 20). *5 Necessary Tips to Building Social Confidence*. Abgerufen von ThriveGlobal: https://thriveglobal.com/stories/5-necessary-tips-to-building-social-confidence-2/

Rube, T. (2020, January 20). *How to Tell if you are a people pleaser*. Abgerufen von WikiHow: https://www.wikihow.com/Tell-if-You-Are-a-People-Pleaser

Sani, S. Fathirezaie, Z. & Talepasand S. (2016) *Physical activity and self-esteem: testing direct and indirect relationships associated with psychological and physical mechanisms*. Abgerufen von https://www.ncbi.nlm.nih.gov/pmc/articles/PMC5068479/#!po=63.0435

Shanley, D. (2019). *7 Ways to Overcome Shyness and Social Anxiety*. Abgerufen von PsychCentral: https://psychcentral.com/blog/7-ways-to-overcome-shyness-and-social-anxiety/

Smith, M. M. Segal, and Shubin, J. (2019) *Social Anxiety Disorder*. Abgerufen von https://www.helpguide.org/articles/anxiety/social-anxiety-disorder.htm

Tartakovsky, M. (2018) *6 Ways to Overcome Social Anxiety*. Abgerufen von https://psychcentral.com/lib/6-ways-to-overcome-social-anxiety/

ThisWayUp (n. d.) *How do you feel shy*. Abgerufen von https://thiswayup.org.au/how-do-you-feel/shy/

Reachout.com (n. d.) *10 tips for improving your self-esteem*. Abgerufen von https://au.reachout.com/articles/10-tips-for-improving-your-self-esteem

BONUSHEFT

Als Beilage zu diesem Buch erhalten Sie ein kostenloses E-Book zum Thema „14 Tage Achtsamkeit".

In diesem Bonusheft entdecken Sie bewährte Achtsamkeitstechniken, die Sie in Ihrem Alltag problemlos anwenden können, um mehr im gegenwärtigen Moment zu leben. Sie werden damit täglich mehr Ruhe und Frieden in Ihr Leben bringen.

Sie können das Bonusheft folgendermaßen erhalten:

Öffnen Sie ein Browserfenster auf Ihrem Computer oder Smartphone und geben Sie Folgendes ein:

<u>de.derickhowell.com</u>

Sie werden dann automatisch auf die Download-Seite geleitet.

Bitte beachten Sie, dass dieses Bonusheft nur für eine begrenzte Zeit zum Download verfügbar ist.

www.ingramcontent.com/pod-product-compliance
Lightning Source LLC
Chambersburg PA
CBHW071352080526
44587CB00017B/3076